孟黎——著

有所热爱

山东城市出版传媒集团·济南出版社

图书在版编目（CIP）数据

有所热爱 / 孟黎著. — 济南：济南出版社，2023.9
ISBN 978-7-5488-5903-1

Ⅰ. ①有… Ⅱ. ①孟… Ⅲ. ①中学－校长－学校管理－文集 Ⅳ. ①G637.1-53

中国国家版本馆CIP数据核字（2023）第182188号

有所热爱 YOU SUO REAI
孟黎 / 著

出 版 人 田俊林
责任编辑 郑 敏
装帧设计 赵均东 张 倩

出版发行 济南出版社
地 址 济南市市中区二环南路 1 号（250002）
总 编 室 （0531）86131715
印 刷 山东丽光印刷有限公司
版 次 2023年9月第1版
印 次 2023年9月第1次印刷
成品尺寸 170 mm × 240 mm 16开
印 张 19
字 数 300千
定 价 79.00元

用爱做教育的人（代序）

陈 凯

初识孟黎，是2010年3月。

那年，在山东省曲阜市举行了全国课堂教学艺术大赛。那次大赛，作为山东省唯一的参赛选手，来自临沂三中的孟黎获得了一等奖第一名，得到了与会专家的好评，并被评为山东省高中语文教坛之星（共15人）。

何以获此殊荣？因为那次大赛，他按照“自读→解读→品读→悟读”四步阅读教学法，把高中语文必修5第一单元的《装在套子里的人》“导演”得风生水起。

对于多年从事高中语文教研工作的我来说，那次大赛，让我深受启发，因为我第一次目睹了以读促学的成功案例。为此，我专门写了一篇《读书披文入“理”，品味丰满形象》的文章进行了点评。

此后，我和这位略带羞涩、有点苏北口音的语文同人建立了亲密联系。

联系多了，我了解了他用爱做教育的成长经历。

年少时，因崇拜老师一肚子的学问，他就读了师范学校。毕业后，因想把爱播撒给家乡的孩子，便和恋人一同来到一所半山半平原的乡村中学任教。担心学问不够用，又到临沂教育学院脱产进修了两年。毕业时，拒绝了恩师钱勤来举荐到县财政局工作的好意，执意回到矿坑中学任教。在那挤破脑袋转行当干部的年代，要是没有热爱教育的胸襟，何人能做到？

孟黎老师做到了。他热衷于“新课改”，“三次抓阄”课就是他初次尝试“单元教学法”的成功案例。

成功都是留给有准备的人的。日积月累，当兰陵县（原苍山县）教体局举办讲课比赛时，他凭借着新课改理念，课堂上引导学生“自主、合作、探究”，将《畏惧困难就是毁灭进步》演绎成了一节完美的“示范课”。

凭借着这份荣耀，他被调到了兰陵一中任教。

在兰陵一中，为说服晚上就寝时说话聊天的学生按时就寝，他曾在男生宿舍卧底；为让家庭困难的学生完成高中学业考大学，还曾步行七八里山路劝请辍学的学生返回课堂……

爱心暖暖，令人动容。

后来，他凭借着优异成绩，被临沂市兰山区教体局以“骨干教师”的名义引进。在这里，他如鱼得水，和同事潜心探究语文教学，打造了“高中语文‘六环节’”高效教学流程，完善了“四步阅读教学法”，荣获了山东省讲课比赛和全国课堂教学艺术大赛一等奖的第一名。

得知他的成长，我真心为他高兴，并衷心祝愿他在新课改的道路上一路高歌。

这是我和他成为铁哥们儿后对他的真诚期待和真心祝福！

2012 年 4 月，兰山区教体局一纸调令，他从教学一线的骨干教师转变成学校管理的行家里手。

他先在临沂十一中当业务校长，提炼出“临沂十一中‘235 导学一体’教学策略”，让临沂十一中实现了跨越式发展。

后来到临沂新桥中学担任党支部书记和校长，硬把一所落后的农村中学打造成最美乡村中学。

是人才，总会有用武之地。

在临沂新桥中学工作了两年后，他就被调到了临沂义堂中学担任党总支书记、校长。在这里只工作了一年，他又被任命为临沂第四中学的党委书记、校长。

作为语文同人，真为他感到高兴！

“可喜可贺”的背后，是他用爱做教育的辛勤付出……

如今，得知孟黎校长的专著《有所热爱》要出版了，凭着我对他的了解，便自告奋勇作序，算是我对他的祝贺！

文无定法，以此为序。

2023年6月于临沂

Contents

目录

临沂三中成就了我

翻转十一中

打造最美乡村中学

再回高中

有所执着

我要当老师

WO YAO DANG LAO SHI

当老师真好

人的一生，总要有所期待，才能有所热爱。

当我随手写下“有所热爱”这几个字，便忍不住想起少年时代的求学艰难，想起成长路上关心帮助我的师友和领导，更忍不住想起孜孜以求的“课改”和不停追求卓越的学校管理……

20 世纪 70 年代初，我出生于兰陵县（原苍山县）、邳州、枣庄三地交界处一个人口超三千的大村子。这里，尽管是平原地带，却十分闭塞，交通极不发达，步行走出村子十多里才能坐上客运车。父老乡亲祖祖辈辈面朝黄土背朝天，终生侍弄庄稼，脑子里压根没有读书求学的概念。在村子里无忧无虑而又顽皮地度过几个春秋后，村里几位老师的一举一动、一言一笑，总会勾起我的极大好奇心：和村里的乡亲相比，他们身上有着独特的气质。那气质是什么？那时的我还不太清楚。

到了入学的年龄，由于乡亲们没有认识到“知识改变命运”的重要性，他们并不支持孩子背起书包走进学校，而是千方百计地哄着孩子下地放羊、割草喂猪，为家庭减轻负担，以此锻炼孩子的生存能力。因此，每年秋季开学时，背着书包走进学堂的一年级新生只有寥寥数人。无奈之下，学校的几位老师只好亲自登门，挨家挨户动员适龄儿童入学，即使这样，响应者也是屈指可数。

我的父母和大多数乡邻一样，对孩子上学读书和跳出农门没有先知先觉。

这一年，恰逢几位老师在村里走街串巷招学生，出于对上学的好奇感，我迎头奔向那几位老师，抱着一位老师的胳膊哀求道：“我想上学，老师，您收下我吧。”老师看了看“适龄儿童入学花名册”，和蔼地抚摸着我的头说：“这么大了怎么还没有入学？走，去你家找你父母去。”

就这样，在老师的劝导和我的一再恳求下，父母同意了我入学的要求，那一年，我已经九岁了！

记忆里，从小就经常听爷爷念叨：“老师太厉害了，一肚子的学问。”爷爷何以知道老师一肚子的学问？原来，晚饭后，爷爷经常到学校和值班老师聊天，时间长了就和老师们混熟了。从老师那里，爷爷知道了“知识改变命运”的道理。所以，爷爷是极力支持我上学读书的，他曾对我父母说：“自己苦就苦吧，已经没法改变了，可不能再让孩子吃没文化的苦了。”

从此以后，我日日坐在低矮昏暗的教室里，趴在土台子上，聆听老师的教诲，跟着老师学习文化知识，我对老师的敬佩之情更深更浓了。

记得读小学五年级的时候，语文老师教我们一首苏东坡的诗。讲到精彩处，老师好像穿越到了那个年代。他闭着眼睛，声情并茂、神采飞扬地给我们讲起了北宋时期王安石和苏东坡的一桩趣事。有一天，王安石和苏东坡游玩到一处碑林，发现一块石碑有点倾斜，王安石眉头一皱，计上心来，戏耍苏东坡说："此碑东坡将倒。"苏东坡自然明白王安石的用意，冷笑一声，回敬道："当初安石不定。"这个故事激发了我对语文学习的强烈兴趣。从那之后，只要有空闲，我就缠着语文老师讲那些古代文豪的奇闻逸事，由此，我知道了"王安石三难苏学士"的故事，知道了"推敲"的由来，知道了"郑板桥赶贼"的趣闻……听罢这些故事，少年的我还没感知到大文豪的可敬之处，只是感觉老师太厉害了，他们的知识就像村头的河水一样源源不断。那时，我就觉得当一名语文老师太好了。

带着这个美好的愿望，我走进了乡镇寄宿制的初中学校。

三年的初中生活，让我对老师这个职业有了进一步的认识。

记得初二上学期，我们开始学习平面几何。初次接触平面几何，好多同学对"两点之间线段最短"这句话理解不透。于是，数学老师就把课堂搬到了空旷的操场上。老师用粉笔隔很远的距离画了两个点，又在两点之间画了一条直线和一条弧线，然后，老师拉起一位同学站在其中的一个点上，他自己沿直线走，而让那位同学沿弧线走，看看谁先到达目标点。尽管那位同学健步如飞，但老师还是比他提前到达了目标点。在目标点上，老师揽着那位同学的肩膀大声说：“明白了没有？”“明白了，谢谢老师！”我敬佩不已，带头向老师深深地鞠了一躬。

更记得那时我们背诵政治、历史、语文等知识点时，好多同学总比别人慢半拍。语文老师见状，就在班上启发同学们说：“要背诵一大段文字，我都是将这一大段文字分成若干小段，一小段一小段地背诵，然后再将这一大段从头到尾背诵一遍。”同学们试着用老师教的方法背诵，果然，效果奇好。

……

这些事让我对老师又有了进一步的认识：老师不但能教给学生知识，还能教给学生学习的方法、技巧啊！这真是既“授人以鱼”又“授人以渔”啊！

再后来发生的几件事让我对老师的认识又不断加深……

记得初三学习化学时，有位同学对元素概念中的“同素异构”怎么也不理解。午饭时间，其他同学都到餐厅去了，只有她还坐在教室里苦苦思索。老师在餐厅听说她的困惑后，饭都没吃完，丢下碗筷就跑到了教室……

后来谈起这件事，我那位同学说，印象太深了，那天，当老师把豆子比作元素的一种，把黄豆、绿豆、黑豆……比作“同素异构”的物质时，她对“同素异构”的理解便茅塞顿开。

还有一次，我对一道需要画两条辅助线才能解决的平面几何题百思不得其解。晚餐时间，同学们都跑到餐厅就餐了，只有我还在草稿纸上勾画着、推算着，苦苦思索着破解之道。晚自习的铃声敲响了，我才回过神来。难题终于攻克了，我长长地舒了一口气，这时我才感觉到肚子已饿得叫唤起来。晚餐时间已过，只好等明天早餐了。这时，一位老师风风火火地冲进教室，拉起我就往他办公室走："有同学告诉我你还没吃饭，这哪行呢，正是学习紧张的阶段，不吃饭营养跟不上，那不就耽误学习了嘛。快，这是我刚给你买的晚饭，还热乎着呢，快吃，别耽误了下一节晚自习。"咕咕叫的肚子容不得我多想，连句感谢的话都没来得及说，我就狼吞虎咽地吃完了。事后，我听同学说，老师去餐厅打饭时，从同学口中得知我在教室做题没去吃饭，就把他自己的晚餐端到了办公室……

听着同学的话，我感激得泪光盈盈！

"牺牲自我，成就学生"，这是那个时代的我对老师发自内心的感慨。

是的，那时的我就是这么认为的：当老师真好，既教书，又育人！

我要读师范

初三的学习生活是非常紧张的。那个年代，每个班也就几个学生能考上中专，几个学生能考上高中，其余大多数学生不得不回乡务农，这是很令人痛心的事情！

而我，当初面临着一个痛苦的抉择：考高中还是考中专。由于学习刻苦，我的成绩名列前茅，考取高中或者中专，应该都没有问题。如果考高中，三年后，考个理想的大学，在那个毕业还包分配的年代，大学毕业后定会有个好工作。如果考中专，能尽早毕业参加工作，“铁饭碗”的问题就能早解决了。周末回家咨询爷爷，爷爷连想都没想就说：“咱村的那些教书先生，一肚子的学问，我太佩服他们了。”继而，爷爷又对我说：“咱就考毕业后能快点回来当老师的学校吧。”我知道爷爷的心思：村小学里的老师，简直就是知识的化身，孙儿若能像老师那样，那可是真正的光宗耀祖啊！

可是，考高中，再考大学，前途一片光明啊！

我犹豫不决……

有了心事，终究是藏不住的。

一天晚自习下课后，一位值班的老师在送我回宿舍的路上，拉着我的手说："孟黎，我见你这几天心事重重的，怎么了？能给我说说吗？压在心里会影响学习的。"老师对我就像对自己的孩子一样关怀备至，我没有任何理由不向老师敞开心扉。

"老师，您说我是考师范好呢，还是考高中好呢？"月光下，老师一定看到了我渴盼的眼神。

"你是怎么打算的？"老师拉我坐在男生宿舍前的花坛边沿上，轻轻抚摸着我的后背问我。

"我想考高中，可爷爷却让我考中专，早点毕业后当老师。"我和盘托出。

"你想听听我的故事吗？"

我迫不及待："老师，您快说说。"

老师双手支撑着花坛，身体微微后仰，讲述了他的故事。

老师有个亲戚是一所大学的招生办公室主任，亲戚邀请老师填报那所大学，因为老师的高考分数远远超过了那所大学的录取分数线。进入那所大学就读，毕业后，就可能进入市里的一些局机关工作，因为每年，人事部门都要到那所大学录取一些优秀毕业生。接到亲戚打来的长途电话，老师拒绝了亲戚的好意，填报了当地的一所师范院校。毕业后，他便来到了我们学校任教。

回忆到这里，老师意味深长地说："之所以没去亲戚所在的大学，而是选择了师范院校，是因为我的班主任在我毕业之际曾语重心长地对我说，'盼你学成归来，接过我的教鞭'。"这是老师的热爱，也是老师的老师的热爱。

说到这里，老师拍了拍我的肩膀："我的意见是，你只需遵从自己的内心。"

我明白了老师的一番苦心。

中考结束后，我的中考成绩已远远超过了当年的高中录取分数线，但没有丝毫的犹豫，我提笔在"山东省中等专业学校志愿申报表"的第一志愿栏里，郑重填下了"山东省临沂师范学校"的名称。

回乡当一名普通的教师

1987年9月13日，临沂师范学校的高音喇叭里，循环播放着亲切而温馨的致新同学的欢迎词。我满怀憧憬走进这座神圣的知识殿堂，那一刻，我特别兴奋。

林荫道上，我放下行李，站在树下想休息一下。此时的校园无比热闹，锣鼓喧天，彩旗飘飘，到处洋溢着老师们、同学们欢迎新同学的热情，让人激动不已。

置身这热闹的场面，我不禁回想起早上乡亲们欢送我入学的情景。爷爷就像中了头彩，替我背着行李，饱经沧桑的脸笑成了一朵花。父老乡亲站立于狭窄的街道两旁，向我挥手道别，眼里充满了羡慕。“这孩儿太争气了，都考上大学了。”（乡亲们误认中专为大学）“是啊，人家出息了，祖坟上冒青烟了。”“咱村里走出去两个大学生了，往后咱也得让孩子好好上学。”“飞远了，今后难见这孩儿了。”“是啊，考上大学了，上完就当官了，咱难见这争气的孩子。”

听着父老乡亲的赞叹，爷爷弯曲的腰杆在那一刻挺得笔直。

爷爷一直把我送到乡里的客运站。在我上车的那一刻，爷爷突然收了笑脸，一脸严肃地说：“孩儿，咱村的那几位先生一肚子的学问，我太尊重他们了。”我知道爷爷的心思，他是盼着我在师范里好好学习，不负大好时光，学成归来，回村里当一名有知识有学问的教书先生。

临行前，爷爷又告诉我两句话，“骡子大了马大了有用，人大了没用”“但行好事，莫问前程”，并千叮咛万嘱咐，要我牢记一辈子。

一开始我不懂这两句话的意思，后来悟明白了，也成了伴我成长，激我奋进的座右铭。

就这样，我带着爷爷的嘱托和父老乡亲的美好祝福，一路颠簸，来到了我仰慕已久的临沂师范学校。

来报到前，我的初中老师就告诉我，临沂师范学校是培养临沂地区乡村中小学教师的摇篮，从这里走出去的学生，成了临沂地区乡村中小学师资队伍的中坚力量，挺起了临沂地区中小学教育的脊梁。

是啊，来到这里深造学习，既是我的福分，也是我的机遇，我没有任何理由虚度三年。

“同学，你是来报到的吧？一路辛苦了。”一声和蔼亲切的问候，打断了我飞扬的思绪。

我怔怔又傻傻地看着这位已近中年的热心人，羞涩地点了点头。

他提起我的行李，拉着我就走："跟我来，看看红榜，你分到哪班了？"

在学校宣传栏张贴的红榜上，我从 87 级 6 班的花名册中找到了我的名字："我分到六班了。"热心的中年人向我伸出了双手："认识一下吧，我是你的班主任，叫靖玉胜。"这么巧，走进临沂师范学校认识的第一个人，竟是我的班主任。随后靖老师对站在不远处的几个学生招了招手，他们就跑到了我面前。"这是你们的新同学，你们负责把他领到宿舍，安排好后，再送到教室。"

靖老师是我的恩师，在师范学校求学的三年，他给予了我极大的关怀和帮助。

清楚地记得，刚进入六班学习时，因我来自苏鲁交界处的一个偏远农村，说话总是带着浓浓的苏北口音。比如：喝水的"水"，锁门的"锁"，常常脱口而出成"fei""xue"，惹得同学们一阵笑，我也因此备感无地自容。

靖老师见状，周末或节假日，常常把我叫到他的办公室，先从汉语拼音的发音教起，然后，让我熟记新华字典中标注的汉字的声调。我今天的普通话，大多得益于那时恩师的精心指导和点拨。

来师范学校学习的第二年，我被推举为班长。师范学校是个大熔炉，三年的学习生涯，历练了我的管理能力，使我飞速成长。

记得临毕业的那个学期，好多同学都在为毕业的去向跑门路，有的计划到更高级院校深造学习；有的四处打听，力图找到最理想的单位。

我和恋人邵永芝没有同学们那些高大上的毕业规划，我们的目标就是回到农村老家，谨记爷爷的教诲，做一名有学问的乡村教师。但是，那时我俩也在担心，担心能不能分配到同一个单位，而我最想去的是我的老家——南桥镇。

后来，虽然没能去我的老家，但我和恋人分到了同一所学校——兰陵县（原苍山县）矿坑乡初级中学。

就这样，带着在师范学校收获的知识和爱情，我和爱人邵永芝携手来到了兰陵县矿坑乡初级中学任教，踏上了教书育人之路，开启了我的教书生涯。

小荷已露尖尖角

XIAO HE YI LOU JIAN JIAN JIAO

学习再学习

“孟老师，你想教哪门课呢？”秋季开学在即，师资分配调度会上，负责教学的学校领导征求我的意见。想起小学语文老师的博学多才和对我的循循善诱，想起爷爷对我的期望和父老乡亲的祝福，我没有丝毫犹豫：“我服从领导的安排，但我个人倾向教语文。”我有点胆怯，唯恐领导不采纳我的意见，说这话时，脸都红了。“好！我们还想再给你增加点工作量，除了教语文外，再兼个班主任工作如何？”负责教学的领导笑眯眯地看向我，一脸期待地征求我的意见。“没问题。”我大喜过望，既为领导对我的信任，也为自己将要努力奋斗的信念，我立马起身表态：“谢谢领导对我的信任，我愿接受任何挑战，保证做好一切工作，绝不辜负领导对我的厚望。”

两个班的语文课，一个班的班主任，我知道，接下来的日子里，从天不亮到夜已深，我每天必定都是在忙忙碌碌中当个孩子王。

初为人师，心情极度兴奋！

记得新学期开学后的第一堂课，我怀揣满腔教育情怀，信心满满地走进教室，未容班长喊“起立”，我就一步跨上讲台，向全班同学鞠躬致意：“同学们好！”然后转身在黑板上写下了自己的名字。当我回身向全班同学作自我介绍时，没想到全班同学竟齐刷刷地站立着，一脸迷惑，惊慌地看着我。一个女生说：“老师，应该是班长喊‘起立’，全班同学齐喊‘老师好’以后，您再说‘同学们好’。”我一时大窘，连忙转移了话题，组织学生打开教材。

夜深人静时，我躺在床上细细回顾初为人师这一天的授课历程，心里仍不免一阵惶恐和酸涩：现实告诉我，我离一名合格的乡村语文教师，差得太远太远了。尽管我在讲台上口若悬河，可学生一点也不买账：有的打不起精神来，昏昏欲睡；有的双手托腮，明显地开起了小差……

病根在哪里？

我从心底里感谢我的爱人小邵，在我无奈之际，她开导我：“书中自有答案，教育大家吕叔湘、叶圣陶、张志公三老的教育教学理念和教育教学方法、技巧，可是够我们学习一辈子的。”

是啊！教育名家的思想理念，一定能帮到我。

学校没有图书室，更没有“三老”的著作。周末，我和小邵骑自行车一路颠簸二十多公里来到县城，从新华书店购买了“三老”的著作，又从别处借来了人民教育家于漪老师的课堂实况录像带和报刊。

那些日子，每个万籁俱寂的夜晚，我忙完了工作，就挑灯夜读，细细揣摩“三老”的宝贵经验，三本厚厚的读书笔记记录了我的所思所想、所感所悟。我买来录像机播放于老的课堂实录，揣摩于老的教育教学方法和技巧。

果真，带着“三老”的宝贵经验和教导走进课堂，效果显现出来了——上课认真听讲、作业认真完成的同学越来越多。

那时，我的贵人不只是书本上的名家，校内帮助我成长的教师也很多。

一天，老教师王建华对我说：“孟老师，你年轻有为，虚心好学，敢想敢干，我们可以共同学习。”

王老师德高望重，语文教学功底特别深厚扎实，跟他学习，那是我求之不得的呀！我按捺住怦怦乱跳的心，一把拉住王老师的手说：“王老师，太感谢您了，感谢您给我学习的机会，我一定好好珍惜。”

第二天，王老师的语文课上，我像个虔诚的小学生，坐在班里的最后一排，一边认真听课，一边观察学生的学习态度。

能者为师。

受此启发，我又走进了张开相老师的课堂。

张开相老师虽然年轻，但那时的他已是学校语文学科的名师了。一天中午放学后，在回宿舍吃饭的路上，我拦住了张老师：“张老师，我想听听您的课，可以吗？”爽快的张老师哈哈大笑：“孟老师，我们相互学习，共同进步。我下午有两节作文课，欢迎您来指导。”

没有想到的是，张老师的作文教学课上，不光多了我这个学生，一直关注着我的王老师，也拿着小凳子坐在了张老师的课堂上。

下课后，王老师把我拉到一边，招手把张老师约了过来："孟老师，你感觉张老师的这两节课如何？"

我羞红了脸，用手挠了挠头皮，紧张得语无伦次、答非所问："我……我想让您二位老师听听我的课，给……给我把把脉，精心指导指导……"

王老师和张老师相视一笑，异口同声道："我们都等着你这句话呢。"

后来我从同事口中得知，两位老师见我有很好的敬业精神和好学上进的优良品德，就萌发了培养语文学科带头人的念头。为此，王老师多次听我的课，他还多次对学科组的老师和学校领导赞叹："年轻的孟老师是可塑之材啊！"

如果说"三老"的著作是我的课外指路明灯，那么本校众多课内指点我的优秀教师，则是我的引路人。那天，我邀请本校好多语文老师走进我的课堂，当然也包括我敬重的王老师和张老师。

一连好几天都是如此，课堂上，老师们自带小凳子坐在教室的后面记录我的课堂；课后，办公室里，老师们畅所欲言，为我指点迷津。

采众家之长，补一己之短，沿着前辈指引的航向前进，总会迎来满天霞光。

这天早操时间，王老师和我并肩慢跑："孟老师，我们现在运用的语文教学方法，是舶来品，是陈旧落后的教育教学方法和技巧。现在是改革开放的年代，摒弃旧的东西，开辟新的领域，既是形势发展的需要，也是我们的神圣职责。我快退休了，思维也赶不上这个快速发展的时代。你读读语文教育教学类的杂志细细参悟参悟，就会发现，全国教育界的课改，已呈现井喷之势。在这百花齐放的课改时代，衷心盼望你能顺应时代变迁的大势，在初中语文教育教学改革的洪流中顺势而为。”

那一刻，我明白了德高望重的王老师的良苦用心。

三次抓阄

为加强教研，促进教师成长，提高课堂教学效率，矿坑中学实行抓阄听课，形式新颖，富有创意，时至今日，仍记忆犹新。抓阄的时间选在上课前的几分钟，参与抓阄的教师为同楼层当节有课的教师，参与听课的评委是各年级抽调的骨干教师和学校领导。

“老师们，我们来向你们学习啦，欢迎六位老师抓阄。”早上第一节课的预备铃刚刚敲响，初二年级颜廷聪主任带领七位评委来到教学楼的二楼。第一节有课的六位老师围着颜主任，六双眼睛死死地盯着颜主任手中“阄”，大家都慢慢地伸出发抖的手，唯恐自己抓中。

……

谈起抓阄听课，这要从当时的兰陵县教育局教研室推出的“单元教学法”说起。

“单元教学法”从结构上说，是以教材一个单元为单位，将其划分成单元总领课、单元新授课、单元自主课、单元总结课、单元测试课五种课型，用五节课的时间，完成一个单元的教学任务。

从授课形式上说，“单元总领课”是用一节课的时间概括介绍本单元的重点、难点、目标和单元中的每一课在单元教学中的侧重点；“单元新授课”是在单元总领课的基础上运用单元教学的方法解读文本，新授课必须要起到示范性的作用；“单元自主课”是组织学生用总领课学到的方法、技巧，在教师辅助、指导下自主学习的课型；“单元总结课”是师生针对本单元学习的文本，对重难点和目标进行梳理归纳；“单元测试课”一般用一课时测试学生对本单元知识的掌握情况。

“单元教学法”从内容上讲，是教师引领学生对单元的目标知识和重难点，从总体到局部再到总体的认识与学习的认知过程。

“单元教学法”从方法上来说，就是教师引领解读文本，教给学生方法，然后让学生带着学到的文本解读的方法进行文本解读，这是“授之以渔”的过程再造。

“单元教学法”不但缩短了学时，更重要的是把教师从填鸭式的教法中解救了出来，让学生从被动学习转变成主动学习。这极大地调动了教师工作的积极性，释放了学生自主学习的天性。由此，兰陵县教育局教研室在全县各中小学校极力推广这一先进的教学方法。

那是我刚参加工作的第二个年头，我有幸成为这次课改大潮中奋勇遨游的年轻人。

记不清多少个夜晚，我反复揣摩“单元教学法”的结构、授课形式、内容、方法，总结其中的要义；反复梳理教案，把自己的反思、体会、心得，事无巨细地体现出来；不止一次模拟“单元教学法”的授课过程，不断发现并改进自己课堂中的不足。

成功总是留给有准备的人。

当颜主任“亮阄”时，其他五位教师长舒了一口气，齐刷刷地看向我。我知道，这目光既有他们未抓到的幸运，也有给我加油助威的亲切关怀。那一刻，我轻轻一笑，将颜主任和几位评委老师请到了我的课堂。

清晰地记得，当时已是初夏，再有两个单元，初二下学期第四册的教学任务就结束了。那时，按照我们初二语文学科组年初制订的教学计划，我们正好授课第四单元。这一单元是小说单元，新授课是《孔乙己》，自读文本是《变色龙》……

由于我对“单元教学法”做足了功课，当我大踏步地走上讲台时，没有一丝的紧张和慌乱，而是情绪饱满地开始了我的教学，引导学生进入了演员的角色。

不知不觉四十五分钟过去了。当我有条不紊、按部就班地完成了该单元的总领课的教学任务时，下课的铃声正好敲响。

看着颜主任笑容可掬的脸庞，我心中高悬的石头落了地。我猜测，我的总领课可能成功了。

那时的我竟没有感觉到，我单薄的衬衫已被汗水湿透。

真是无巧不成书，第二天的“阄”，竟又砸到了我头上。

老实说，这实在出乎我的意料，可抓到了我也并不怕，心里竟还有隐隐的期待。我长舒一口气，转身瞄一眼向我投来微笑的同事们，舒展了一下身体，攥了攥拳头，迈着自信的步伐，将颜主任和几位评委老师请到了我的教室。

课堂的精彩无须过多描述，单是下课铃声敲响的那一瞬间，颜主任和几位评委齐刷刷的掌声，就让我自信满满。

走出教室，颜主任和其他几位评委凑在一起："先别告诉他，明天的第一节课，我们不抓阄了，直接提前走进他的教室。"

当风儿把他们私聊的话语推送到我耳边时，我并未把他们的话当回事，因为我知道，抓阄听课不抓阄就进我的课堂，是不公平的呀！

颜主任和几位评委可不管这些。

第三天的第一节课如约而至，当我轻轻地哼着小曲，迈着轻盈的步子拾级而上来到二楼时，并未见到颜主任和几位评委老师的身影。一位刚要走进教室的老师对我说："孟老师，颜主任和几位评委老师又去了你们班呢。"

预备铃的铃声刚刚敲响，我就慌忙走进了教室……

那天上了一节单元自主课，课上，我引导学生运用总领课、新授课学到的解读文本的方法，以小组为单位采用自主合作探究的模式学习，课堂有收有放，把课堂研究的时间还给了学生，把发现问题的机会还给了学生，答案由学生得出，规律与方法由学生总结，不知不觉四十五分钟过去了。

"这节课太精彩了！"课后，一位评委老师轻轻拍了一下手掌，还不自觉地深深吸了一口气。

另一位评委老师补充说：“得让孟老师讲讲他的体会、心得、反思。”

“重要的是，得让孟老师把他的做法和经验贡献出来，供老师们分享学习。”又一位评委老师发言道。

“我看还是这样吧，我们专门为孟老师开一个专题研讨会，深入剖析、评价他的这三堂课，让全年级的老师都来学习、借鉴，如何？”

几位评委老师轻轻鼓起了掌。

多年以后，颜主任成了颜校长，这是我到兰山工作后的事情了，他多次在全校教职工大会上谈起我的这三节课：“孟老师是参加工作仅两年的年轻教师，但是，他的教学基本功扎实，他对课堂的驾驭富有独特的魅力。我建议，不论是年轻教师，还是已入教学佳境的中年教师和轻车熟路的老教师，都要立足自身，深研课堂教学。相信付出就有回报，坚持就能成功！”

当时我们矿坑乡初级中学的校长李树春（后调任原苍山县教育局副局长）这样评价我：“孟老师是可造之材！”

领导对我的评价让我备受鼓舞，我对自己的教育教学有了更清醒的认识：“单元教学法”的实践犹如参加大赛前的热身赛，它不但提高了我的教学能力，还增强了我参加县域、市域、省域甚至全国讲课比赛的自信心，为我以后参加县级以上的讲课比赛获得大奖奠定了基础。

这仅仅是个基础，是踏入醉心课改的最低门槛。

尽管是最低门槛，但我还是要衷心感谢“单元教学法”的改革。因为，它让我懂得了“付出就有回报，研究就有提高”的道理，也让我更深入地体验到课堂教学的快乐。

奖杯沉甸甸

要给学生一碗水，自己得有一桶水。

两年的教学经历，让我意识到了教学专业知识的欠缺。要想成为真正的名师，不能只停留在有所热爱的层次，还应追求专业知识的丰盈。为此，去进修学习的念头越来越强烈。

带着这个愿望，我走进了校长办公室，申请专科脱产进修。

衷心感谢领导对我的厚爱，1992 年 9 月，我满怀信心地走进临沂教育学院中文系脱产进修学习。

感恩临沂教育学院中文系诸多领导的关怀，感恩诸多老师的力荐，感恩众多同学的信任，入学不久，我就被推举为学校中文系的团委书记。

重任在肩，将中文系团委的诸多活动开展得丰富多彩、有声有色，既是我的责任，更是我的义务。然而，我更重要的任务是珍惜这难得的两年时光，潜心学习专业知识，充实自己。

在这里，我有幸遇见了德高望重的教授外国文学的钱勤来老师，爱生如子的班主任徐玉如老师，教授当代文学造诣深厚的孙文斌老师，教授现代文学的曲文军老师，教授古代文学的丁荣凡老师，教授外国文学的杨中举老师和教授古汉语文学的王振亚老师，等等。从老师们身上，我学到了很多知识，更学到了如何做事做人。

提起王振亚老师，我感慨不已。王老师治学严谨，对学生严格要求的情景，又一次浮现在我脑海中。他的课堂，是不允许学生走神的，瞌睡更是绝不允许，就连打个哈欠，都会被他犀利的目光刺痛。所以，他的课堂，同学们注意力都高度集中，学习效果非常好。还记得曲文军老师讲过一个案例。他班的班长因为忙碌于班级事务，期终考试时，古汉语文学考了 59 分。曲老师带着他的班长，敲开了王老师的家门。当时，王老师居住在教授楼的四楼。曲老师刚说明了来意，就看到王老师的脸一下子沉了下来。此时，班长为表达谢意，搬来了一篓子烟台苹果，刚要搬进王老师的家门，就被王老师一脚踹翻了，一个个苹果像弹珠一样从四楼滚落下来。曲老师满脸通红，尴尬得无地自容。年事已高的王老师前几年已经作古，但他严谨治学的口碑在师生间一直广为传颂！

在教育学院还有一位恩师一直让我难以忘怀，他就是教授外国文学的钱勤来老师。钱老师毕业于华东师大中文系，毕业后来到了山东工作。他工作的第一站是山师大。后来，他服从组织安排，来到了临沂工作，先在临沂商校，后又来到临沂师范学校，再后来就到了临沂教育学院。钱老师操一口地道的上海话，在临沂工作久了，浓浓的上海口音里就夹杂了临沂方言。上课时，好多学生听不懂他的语言，唯独我没有任何语言障碍，聆听钱老师的教诲，就像是一种特殊享受，这可能就是情感融合，心有灵犀吧。钱老师小时候右臂受过伤，习惯用左手写字，上课兴奋时，左右手通用，学生称其为奇才。钱老师当时是中文系的系主任，为人直爽，性格温和，爱生如子，深得我们的爱戴。

临近毕业时，钱老师给我一封介绍信，让我去找时任兰陵县财政局局长的李相启。李局长是钱老师在临沂商校任教时的学生，钱老师让他为我的毕业去向伸出援助之手。在那封介绍信中，钱老师夸赞我“德才兼备，是好老师，是好干部”。

尽管我只是礼节性地拜访了李局长，又义无反顾地回原单位继续当老师,但我仍然要衷心地感谢钱老师,他像父亲一样关心爱护我。毕业之后，我也非常想念钱老师。

记得毕业后的第二年，我和爱人在临沂城的大街上偶遇了钱老师，我们激动得拥抱，在临沂开阳路的军联水饺店共进午餐。后来，我们一直保持着联系。有趣的是，我现在的住房，就是钱老师介绍买的。现在我们是好邻居，互相走动、喝茶、聊天，就像父子那样亲密无间，结下了父子般的情谊。

实际上，在临沂教育学院脱产进修学习的两年里，我不仅仅得到了孙文斌老师、曲文军老师、丁荣凡老师、王振亚老师及钱勤来老师的教诲，更得到了众多老师的关心与厚爱。我收获了许多，留存了大量的课堂笔记，恨不得将老师们的所有知识和教学技巧全部学到手。也正是这两年刻苦努力的学习，奠定了我今后从事高中教学和管理的坚实基础。

1994 年 5 月，我在临沂教育学院光荣地加入了中国共产党，成为一名中共预备党员。

1994 年 7 月，带着临沂教育学院对我的美好祝愿，带着恩师对我的美好祝福，我从临沂教育学院毕业了，风尘仆仆地回到了兰陵县矿坑乡初级中学继续任教。

落叶归根，思乡情切。1995 年 9 月，我和爱人申请调到了南桥第二中学任教，并担任这所学校初三年级的年级主任，此时女儿刚刚三个月。

初来乍到，经过一番调查，我才知道这所学校面临的形势有多严峻。

上世纪 90 年代初，正是民营经济非常活跃的年代，政府事业单位人员工资少，好多人放弃安稳工作，下海经商。当时，兰陵县的支柱产业是种植大蒜等蔬菜。肥沃的田野里，运输蔬菜的大货车排起了长龙，每天有近 2000 辆大货车往返兰陵与上海之间，撑起了上海市民菜篮子的半壁江山。

有些老师疏于教育教学，忙于收蒜薹、贩蔬菜，做生意已形成一种风气。

1997 年 4 月，县教育局下发了举办全县青年教师讲课比赛的通知，南桥第二中学分配了一个名额。可那时这所学校的好多老师都沉迷于做生意，这个名额给谁谁也不要。

趁此机会展示自己的课堂，聆听评委老师的教诲，或许自己的课改之路能找准方向；再者，作为初三年级主任，自己理应做个追求教学的表率。基于这两种想法，我接过了校长手中的比赛通知。

当时允许参赛教师用自己班级的学生参赛，我抽到的课题是初二教材中的《畏惧错误就是毁灭进步》。

盼望着，盼望着，终于盼来了比赛的时刻。

当冷元清、崔彦飞等三位评委一脸严肃地出现在我的面前时，我长舒一口气，用“666 粉”的事例导入了新课——

“同学们，你们知道农药‘666 粉’的名称是怎么来的吗？”同学们异口同声地回答道：“不知道。”于是，我说：“1825 年，英国科学家迈克尔·法拉第做了 665 次实验，均失败了，但他仍不放弃，咬牙坚持做了第 666 次实验，结果大功告成。于是，‘666 粉’这种农药诞生了。为了纪念，便将这种农药命名为‘666 粉’。同学们想一想，假如科学家迈克尔·法拉第在做了 665 次实验后就沮丧地放弃了实验，还会有今天的农药‘666 粉’吗？”同学们说：“不会。”我说：“是的，做任何事情都不要畏惧失败，不要畏惧错误。今天，我们就一起来学习《畏惧错误就是毁灭进步》。”这时，我转身快速在黑板上板书了参赛课题“畏惧错误就是毁灭进步”。

导语结束后，我采用“自主、合作、探究”的课改模式，引导学生详细、具体地分析畏惧错误产生的诸多问题；然后，又引导学生梳理从哪些渠道出手，才能不怕错误，获得成功；继而，再引导学生探究如何不怕错误，走向成功。

不知不觉四十五分钟的讲课比赛结束了，此时，下课的铃声正好响起。

没等我走下讲台，评委组长冷元清代表评委们激动地对我说："孟老师，您太棒了，您给我们呈现了一堂精彩的课。您的这节课，学生自主、合作、探究，围绕目标，抓住重点，好课自然生成……这样的课，别说是农村中学，就是在城里也是一堂难得的好课。"

一周之后，比赛成绩公布了，我获得了全县青年教师讲课比赛初中语文组一等奖第一名。

怀抱似有千斤重的奖杯，我喜极而泣。

兰陵一中
促我成长

LAN LING YI ZHONG CU WO CHENG ZHANG

再见，南桥二中

获奖后，我并没有人们想象的那样兴奋，反而陷入了深深的反思中。爱人看出了我的不对劲，有一天午饭间，她突然问我：“获了大奖，怎么没看出你的兴奋？”“我知道我自己的水平，这只是一次幸运获奖吧，相对于漫长的教育生涯来说，这只是万里长征的第一步，今后的路还很长啊！”我边吃饭边对爱人说。

1997 年的暑假不知不觉过去了，再有几天就开学了，总得提前准备一下开学事宜吧。这样想着，早饭后我来到了办公室，收拾妥当后，正要备课呢，突然，校长急匆匆地走进了办公室：“孟老师，你总是这么积极，全校老师要是都像你这样，那该多好啊！”我刚要说几句客套话，校长突然转移了话题：“孟老师，你想离开我们学校吗？”“这里是我的家，在这里扎根是我的志愿和理想。”想想自己并没有做错什么，但又唯恐校长对我有看法，我连忙紧张地表态。

校长笑了:“教育局来了调令,要调你到县一中工作,你收拾收拾,把工作交接一下,去吧!”

闻听此言,我的嘴巴张得老大:“这……怎么可能,怎么这么突然?”

校长小心翼翼地从手提包里掏出调令:“昨天下午我去教育局开的会,局长亲自给你签发的调令。他说因为你拿了全县青年教师讲课比赛一等奖第一名,县一中的冷校长到局长办公室直接点名要你,说你是个教学好手,务必要把你调到县一中工作。”

从校长的手中接过沉甸甸的调令,我语塞了。

兰陵一中,可是全县教育界的最高学府啊!我一个小小师范生,怎能胜任高中语文教学啊!那一刻,我感到千斤压力在心头,在办公室里来回踱着步,整个人恍恍惚惚。

那时的心情真的形容不出来,我的顾虑太多了:我热爱南桥二中,确实想给老师们做出表率,让老师们把心收回来,专心教书育人;女儿还小,兰陵一中和南桥二中的距离有三十多里地,远离妻女,抚养女儿的重任压在爱人一个人肩上,她能支持我吗?

正是有这样的顾虑,我才将调令压在了口袋里,想晚饭后同爱人好好聊聊。

虽是暑气将衰,但夜晚还是比较闷热的。

记得那天晚饭后,我和爱人在南桥二中家属院的小院里,铺开凉席,将幼小的女儿抱于中间,并排躺在凉席上,仰望满天星斗,享受起了这难得的温馨。

“小邵，假如，我说的是假如，假如我要离开南桥二中，你同意吗？”我试探着问。

“怎么，难道你对我们娘俩有了什么想法？”我知道，今天下午爱人从我的脸上看出了我有心事。

“哪里呀，”我知道爱人这是同我开玩笑，“你给我一百个胆子，我也不敢啊！”

“那你是不是要外出做生意？”爱人试探着问我。

不能再铺垫了，我从口袋里掏出调令，递到爱人的手里。

爱人接过调令，边摊开折叠的调令边问我：“这是啥？”

那晚的月色并不是多么明亮，爱人压根看不清调令上的字，她爬起身来，几步跨进屋内，拉开灯，一眼就瞄完了调令的内容。

爱人慢悠悠地走到凉席边，声音细若蚊蝇：“教育局要调你去县一中？”

尽管爱人想极力压住满不在乎的心理，可她的手，却将调令攥得紧紧的，我知道，爱人的内心一定是极不平静的。

“是的。”我答道。

“县一中离咱这里得有三十多里吧？”爱人明知故问。

“是的。”我不敢高声说话。

“你要是走了，我们就两地分居了。女儿这么小，我既要带孩子又要上课，连个帮手都没有啊！”爱人将调令轻轻递给了我。

“是啊，我也有这些顾虑啊！”我的手轻轻抚摸着女儿稚嫩的脸庞，“可是，调令已经来了，不去就是不服从组织安排啊！”

听我这么一说，爱人不再言语了，只是轻轻地叹了一口气。

未容我再继续做工作，她就爬起身来，走进了卧室。

不一会儿，卧室里传来了翻箱倒柜的声音，我放心不下，走进去一看，她正忙着给我整理行李呢。

刹那间，我泪光闪闪：“不用那么急啊！”

“明天是你报到的日子，现在不收拾好，我怕明早起得晚，耽误了你的事。”爱人边给我收拾行李，边回答我。

“你放心吧。”我安慰爱人道，“到了新单位，我一定好好干，绝不会让你和女儿失望的。”

“我一直都是相信你的。”我看见爱人的眼角有几滴泪水流下。

将睡熟的女儿抱进屋里，收拾好庭院，我躺在床上，眼睛死死盯住漆黑的天花板，一夜无眠，想了很多很多……

这个不眠之夜，注定一生难忘！

第二天，我起了个大早，背起简单的行李，骑上摩托，直奔兰陵一中。再见了，南桥二中！再见了，我亲爱的妻女！

感恩有您

挥手告别南桥二中和妻女，我骑着摩托车，带着南桥二中领导的嘱托和全校师生的祝福及爱人、女儿的期待，忐忑地走进了兰陵县第一中学。

我在单职工宿舍里放下行囊后，校领导将我领进了高一年级语文组办公室，并把兄长般的陈峰、杨德义等老师一一介绍给我，让我担任高一三、四班的语文老师和三班的班主任。

初来乍到，我不敢有丝毫的懈怠，因为我知道，在这里，机遇和挑战、成功与挫折是相生相伴的。虽说自己毕业七年了，从事语文教学也已经五年了，但是教高中语文和教初中语文是截然不同的。对我来说，教高中语文，就是初出茅庐，困难可想而知。我只有鼓起勇气，加倍努力，才有可能把工作做好。

在兰陵一中，我一待就是七年，陈峰、杨德义、张杰英、潘云卫、闫中田等几位兄弟，不论是在工作上，还是在生活上，都给了我无微不至的关怀和照顾，让我快速成长。从初中语文教师到高中语文教师，我实现了华丽转身，成长为兰陵县小有名气的一代语文新人。

记得初次走进高一（3）班的语文课堂，陈峰老师就一再告诫我说：“孟老师，得语文者得高考，语文教学太重要了。有什么困难尽管说，我一定尽心尽力地帮你。”

那些日子，陈老师把我当成了他的学生，手把手地教我语文教学的技巧，帮我分析第二天的授课方法。

记不清多少个日夜，我们一起出早操，查晚休，他毫无保留地将他管理学生的经验讲给我听。感恩陈峰老师的无私帮助，让我在极短的时间里就适应了这里的环境，跟上了这里紧张的节奏。

后来，业务能力强、教学功底深的高一语文备课组长杨德义老师又给予了我极大的帮助。很多次集备，时任备课组长的他都让我当主备。主备结束，便把我请到集备办公室的小黑板前，他和学科组的老师一起当学生，听我说课，并和老师们一起打磨我的教案，第二天就让我举行公开课。

感恩杨老师对我的一片苦心，我很快就熟练掌握了高中语文的教学技巧。

为了逼自己一把，我把所有的时间和精力都投入教学工作，每天只在“教室—办公室—宿舍”三点一线转悠，满脑子都是“备课、上课、改作业”。

不久，在兰陵县公安局工作的表大爷刘兆义得知我来到了县一中任教，喜出望外，跟表大娘准备了一桌菜肴，请我去家里吃饭。当表大爷骑着那辆破旧的自行车，从县公安局家属院一路颠簸来到县一中的大门口时，我正在埋首备课呢。了解了表大爷的来意，我紧紧攥着表大爷的手："大爷，您和大娘的心意我领了，我真的没有时间跟您回家吃饭，十分钟后，我还有三节晚自习呢。"

表大爷朝我板起了脸："那就周末来家吃饭吧！"

看着表大爷远去的背影，我心里一阵愧疚：大爷，不是侄儿不给您老面子，我是真的没有时间啊！因为初来乍到，稍有松懈就可能跟不上教学的节奏。

到了周末，表大爷让表弟约我去家里吃饭，我也是婉言拒绝了。表弟和我同学多年，他知道我学习和工作的态度，理解并支持我。

在兰陵一中工作的七年里，我推掉了所有的应酬，就是为了有更多的时间打磨课。

那时的我，除了没有应酬，也很少回家，实在愧对爱人和女儿。

女儿才两岁，正是需要人看管的时候，没有更好的选择，爱人只能把妹妹叫来帮忙照看孩子。

人非草木，孰能无情。

记得一个月光如水的夜晚，下了晚自习，检查完学生宿舍纪律，躺在宿舍狭窄的床上，我久久难以入睡。不知何故，那晚我心神不定，辗转反侧，心里有说不出来的滋味……

实在难以入睡，我索性爬起床来，打开教材，想用备课排遣内心的焦躁和不安。然而，事与愿违，越想平复内心的不安，心里却越焦躁。

已是深夜12点了，我仍难以入眠。

冷相鲁校长巡视完学生宿舍，正好路过我的宿舍，见我房间的灯光仍亮着，就轻轻地叩响了门。

推门迎客，校长轻轻拍了一下我的肩膀："孟黎，注意休息，别太劳累了。"校长抬头的那一刻，看见了我的泪花，惊讶地问我："怎么了？有什么困难吗？"我向校长说明了原因。

"回家看看吧，路上注意安全。"校长这样说着。我迫不及待地把摩托车推出了宿舍。

当时正是麦收季节，我心急如焚，骑着摩托车风驰电掣往家赶去。

狭窄的乡村小道，崎岖不平，微风吹过，麦田里不时飘来阵阵麦香。要在往日，我一定会停下车来，做个深呼吸，好好品尝一下这醉人的香味。然而，当时急迫的心情不允许我停下脚步。

尽管月色如水，辉映得夜晚如同白昼，可我全然没有注意途中的危险。当路边放着的一辆拉麦子的地排车突然跳入我的眼帘时，紧急刹车已来不及了。砰的一声，我和地排车来了个"亲密接触"，重重地摔在地上。

已是深夜12点半，路边空无一人。我强忍住身体的疼痛，艰难地站起身，用力扶起摔在远处的摩托车，连身上的尘土都没来得及拍打，就匆匆地蹿回了家。

听到我急促的敲门声，爱人睡眼蒙眬："你怎么这个点回来了？"

我几步跨进卧室，撩开蚊帐，看一眼睡熟的女儿，紧张地问爱人：

“丫丫没事吧？”

“好好的啊，你怎么了？”看见我焦急的脸色，爱人不安地问我。

看到女儿的那一刻，焦躁与不安的心情瞬间消失，此时才感到全身酸痛，整个人像散了架一样，一屁股跌坐在地。

爱人在拉我起来的那一刻，发现了我满身的尘土和擦破的皮肤，紧张兮兮地问我：“你怎么了？”

“没什么，摔了下。”

我亲了亲女儿稚嫩的脸蛋，向爱人叮嘱道：“照顾好我们的女儿。”转身又走出大门，骑上摩托车，连夜赶回了一中。

此时，东方的天空已有了一抹亮色。

男生宿舍卧底

那些日子，正值高三关键时期，尽管我全身心地扑在工作上，可一个奇怪的现象令我百思不得其解。

我班男生宿舍的晚休纪律一直很好，多次得到宿管员及政务处的表扬，然而近一段时间，男生宿舍 212 房间，却屡屡被扣分。

向宿管员及政务处的老师打听，他们一致反映：这个房间的学生晚上不好好休息，总是说话聊天。

在班级里，我强调了晚休纪律，要求同学们一定按时作息，遵守纪律。可第二天早晨政务处的通报上，212 室的学生还是因说话聊天被通报。

第二天的晚自习前，我再次强调晚休纪律，可第三天宿管员及政务处的通报，212 室仍是因说话聊天被扣分。

为弄清缘由，检查晚休纪律时，我曾多次蹲在 212 室的门口，以期能找到问题的根源。不过，我失望了，连续多次蹲守，我竟没有找到212室的问题。

真是奇怪了。寻找问题没有，可宿管员及政务处的通报上却是天天扣分。找212室的几个男生谈话，他们的牙咬得很紧："老师，我们真的没有说话，可能是宿管员及政务处搞错了。"

我什么也没说，只是冲他们神秘地笑了一笑。

机会终于来了。

一天，212室的一个学生因病请假。宿管员查过之后我顺势躺在了那个请假学生的床上，拉过被子蒙住头，蜷伏着身子，屏住呼吸，耐心地等待着……

或许他们还沉浸在再次放飞自我的幻想中，竟压根没发现我躺在他们宿舍里。

宿管员走后十多分钟，宿舍里依然很安静。

平安无事啊！会不会真是宿管员和政务处弄错了，把其他违反晚休纪律的宿舍误写成212室了？我这样猜测着，感觉蜷伏的身体特别僵硬，腿脚都开始麻木了，特想伸开腿翻个身，但为了"破案"，我忍住了。

又过了十多分钟，一个男生忍不住咳嗽了一声，似是提醒，另一个男生也附和着咳嗽了一声。那咳嗽声就像是他们在传递暗号——"开始""等等"。

时间一分一秒地过去了。

又过了几分钟，这几个男生频繁地翻着身，仍没有入睡的意思。

“别装了，检查的都走了老半天了。”一个男生道。

“再等等，一会儿宿管员和政务处的老师还检查呢。”另一个男生提醒说。

“没事的，像往常一样，我听着点，听见他们的脚步声，我就提醒你们，咱就不吱声。”靠近门口那张床上的男生说。

“咱班主任不会再蹲我们的墙根吧？”靠近南窗户的那个男生说。

“不会的，前几次，孟老师蹲咱墙根，走廊里白炽灯的灯光把他的身影投射到咱宿舍门的缝隙里了，顺着门缝，我看得真真切切。这回真没有孟老师的身影，放心吧，都别憋着了。”

于是，212 室的话匣子打开了。有的说，这个老师太严厉了，学校领导应该把他调到别的班级任教；有的说，那个老师太偏心眼了，对学习好的笑脸相迎，频繁提问，对学习不好的，爱答不理，疏于管理……他们这样聊着，宿管员和政务处的老师来检查了，把他们抓了个正着：“多次通报你们了，你们 212 室怎么就是不改，这么说话，明天怎么有精力上课？扣你们宿舍 2 分，明天通报批评。”

检查的刚离开，其他同学纷纷埋怨“盯梢”的同学。他委屈巴巴地说：“我光顾着和你们聊天了，大意了。”

“怎么还说话？”宿管员和政务处检查的老师不放心这个宿舍，杀了个“回马枪”。

终于，212 室安静了下来。不久，整个宿舍就传出了熟睡的鼾声。

我长舒一口气，轻轻伸直早已麻木的双腿，蹑手蹑脚地走出宿舍……

第二天晨读时间，我把 212 室的男生叫到了办公室。

“昨晚说话了吗？”

“昨晚睡得如何？”

……

面对我严厉的目光，他们你看看我，我看看你，拿不准我葫芦里卖的什么药，都乖乖地低下了头。

我把昨晚他们说的话一一复述了一遍，几个学生傻眼了，你看看我，我看看你，误以为他们中间出了“叛徒”。

“昨晚我躺在请病假的那名同学的床上，听到了你们聊天的全部内容，直到你们睡熟了，我才离开。”我和盘托出。

听我这么一说，212 室的男生一下子围了过来，耷拉着脑袋哀求我：“老师，我们知错了，我们真的知错了，您千万别把我们的事告诉父母，我们一定改，一定好好地改！”

见他们认识到了自己的错误，我放了他们一马，并诚恳地对他们说：“好好想想吧，高考在即，时间宝贵，不能自我管控是多么可怕的事情！你们的父母为了供你们读书，日出而作，日落而息。你们一定要争气啊！”

这一席话对懂事的孩子很有疗效，从此以后，212 宿舍再也没有因晚休纪律被扣分，他们良好的作息为高三的复习提供了强有力的保障。高考成绩发榜的那天，让我怎么也没想到的是，212 宿舍的同学全部过了本科线。

《有妈真好》

为了训练学生的写作能力，我倡导学生一周一篇自命题的小作文，两周一次大作文。在学生的一篇自命题的“周记”里，《有妈真好》跳入了我的眼帘。

时至今日，已有二十多个年头了，但那篇《有妈真好》的周记，始终烙印在我的脑海里。

有妈真好

这个周五，中午放学的铃声刚刚响起，突然，天空中海啸般的乌云俯冲而来，一阵自西向东的狂风吹过，地上的纸屑、树叶随风飘扬，粗壮的法桐也经不住狂风的肆虐摇晃起来，大片的树叶散落下来。路上的行人毫无防备，被狂风吹得难以立足。未容我平复焦躁的心情，豆大的雨滴已噼里啪啦地砸向了地面。

母亲还能来吗?

我的心飞回了老家。

我的老家在一个小山村。父亲种植蔬菜，照料鸡鸭鹅猪；母亲每天都骑着那辆老掉牙的自行车，起早贪黑地往返于附近的集市，卖新鲜的蔬菜和禽蛋……

苦难出“才女”，尽管我一直蜷伏在乡下的小学、初中读书，但那年中考，我却以全校第一名的成绩被县城这所著名的高级中学录取。在县城里读高中，需要住校。开学那天，母亲把我送到学校大门口，抚摸着大门西侧一棵高大的杨树对我说：“以后，每个星期五的中午12点，俺都来给你送生活费，就在这棵大树旁等你。”

一周过去了。跟母亲约定好的第一个周五的中午12点，我飞也似的跑出校园，远远就看见母亲头顶烈日站立于大杨树一侧。我跑过去，母亲从一块脏兮兮的手帕里掏出钱。就这样，除了寒暑假和其他节假日，每个周五的中午12点，母亲都会准时出现在那棵大杨树旁。

已是中午12点，知情的同学打断了我的思绪，我抓起雨伞冲进了雨幕中……

学校大门口西侧高大的杨树下，母亲身上那件破旧的黄色塑料雨披被狂风掀起，半边身子早已被雨水灌透，头上、脸上、卷着裤脚的小腿上，雨水肆无忌惮地向下流淌，而母亲的双手却紧紧贴在胸前的雨披里。等我靠近，母亲将带着她体温的红色塑料袋递给我:“这是下周的生活费,快回去,别着凉了。”“雨停了您再走。”我的话还未说出口,母亲已推着自行车冲进了雨幕中。

学校大门口西去,是一段爬坡路,东斜的风雨肆虐正欢,别说人推着自行车顶风冒雨,就是往日那些趾高气扬的小汽车,在这样的路段上恐怕也得老牛犁地似的“吭哧”“吭哧”喘粗气。然而,那一刻,母亲却弯着身子,顶着狂风暴雨,艰难地推着自行车向前蠕动。由于过于艰难,母亲的身子竟弯曲成了一张“弓”。目送“弓”的雕塑消失在了视线里,我泪如雨下……

从此后,母亲“勇于将任何艰难险阻踩于脚下”的精神激励了我,激励我将深奥的知识揉了个筋松骨软……

有妈真好!

尽管这篇周记不如改名为“风雨中的那张‘弓’”更切题,尽管这篇周记稍显稚嫩,还有些许修改的必要,但它流露出来的真情实感感动得我泪水涟涟。

这样想着,那个晚自习的铃声响起后,我带着《有妈真好》走进了三班的教室。

带着难以言状的情绪,我饱含深情地朗读了《有妈真好》。当我读到“目送‘弓’的雕塑消失在了视线里,我泪如雨下……”时,我再也控制不住自己的情绪,任凭感动的泪水模糊了我的视线。

摘下眼镜,抬手拭去眼角的泪水,我才发现,班里的几个女生已泣不成声；个别看似坚强的男生也低下高昂的头颅，悄悄用手拭去眼角的泪花。

“写得好吗？”我哽咽着问。

“好！”全班学生异口同声。

“好在哪里？”我继续问。

“感人。”有的学生说。

“催人奋进。”有的学生这样说。

“真情实感。”有的学生换了一个角度这样回答。

……

“同学们说得都对。”我直面现实问题，这样启发学生，“怎样才能不辜负父母对我们的殷切期望，才是我们应该深入思考的东西啊。”

“‘将任何艰难险阻踩于脚下’，发奋读书，报答父母的养育之恩。”有的学生勇敢地站了起来。

学生的肺腑之言，让我又一次流下了泪水。

本是一次阅读随笔，但万万没有想到的是，它竟引起了优秀习作的连锁反应。

下一周的周记时间，一个男生提交了《有爸真好》。课堂上，我又一次深情地范读了《有爸真好》。沉浸在《有爸真好》的动人故事里，全班学生又一次被感动了。

接下来一个月的时间里，学生接二连三地将《有哥真好》《有姐真好》《有弟真好》《有妹真好》《有您真好》……送到了我的案头。一一细读这些稚嫩的习作，我一次又一次地被这些颇有感情又懂事的学生感动了。

真是后悔，当初我要是能把学生的这些习作保留下来，印刷成册，那可是对那段时光最好的纪念啊！

可惜，文字难寻，只留记忆永存！

洞察秋毫　呵护成长

就在三班全班同学的学习渐入佳境的时候，一个特殊情况引起了我的注意。

当其他同学就餐时，学生孙海霞一人躲在教室里饿着肚子苦学。有时候，她会趁同学不注意，偷偷抹眼泪。

一天下课后，我把她叫到教室外，在走廊拐弯处僻静的角落里，对她说："孙海霞，有什么心事吗？告诉老师。"

孙海霞泪眼蒙眬："老师，我想退学。"

"为什么？"我大吃一惊，张大了嘴巴，"学得好好的呢，怎会想到退学呢？你总得给我个理由啊。"

孙海霞迟疑了片刻，向我敞开了心扉。

原来，孙海霞是兰陵县长城镇人，父母都是地地道道的农民，日子过得相当拮据，为了供她读书，父母已尽了最大努力，可还是连基本的生活费也无力承担。尽管孙海霞付出了常人难及的努力和辛勤的汗水，但是她的学习成绩一直不理想。眼下，摆在她面前的只有两条路，要么饿着肚子读书；要么退学，回家当一个农民。

背负着巨大的压力，孙海霞整日以泪洗面：既不想连累父母，也不想失去这难得的学习机会，她在两难之间苦苦挣扎。

看着眼前这个可怜的女孩，我仿佛看到了女儿站在我的面前，那一刻，我心如刀绞，心里想：假如这是我的女儿，我会怎么做？我又能怎么做？没有丝毫的犹豫，我安慰她说："孙海霞，你安心读书，生活费的事我来给你想办法解决。让你完成学业，是我的心愿。"

当天晚自习，我给全班同学详细讲述了孙海霞的困境，之后，我动情地说："不让任何一个同学掉队，应该是我们这个大集体的光荣传统。同学们，说什么我们也不能让孙海霞因家境困难而失去宝贵的学习机会。"这样说着，我带头给孙海霞捐款资助她完成学业。全班同学见状，纷纷走上了讲台，你一元、我十元，把原本就不富足的生活费挤出来，向孙海霞伸出友爱援助之手，资助她继续完成学业。手捧散发着滚烫温度的友爱资助款，孙海霞泣不成声，嘴唇剧烈地颤抖着，想表达的感激话语堵在嗓子眼，怎么也说不出口……

承载不了泰山压顶的压力，高考时，孙海霞以几分之差与大学失之交臂。我动员她再复读一年，倔强的她对我说："孟老师，没有您，我不可能完成高中学业，我不能再拖累您和同学们了，你们的大恩大德我会永记心间。"

就这样，带着遗憾，孙海霞高中毕业回家了，但是她追求进步的决心未改，后来她通过自学拿到了大学本科文凭。现在的她，已是事业有成、家庭幸福的成功女士，在临沂办了一家教育辅导机构。在路桥公司工作的丈夫远在非洲打工，逢年过节，她都会带着孩子们来我家小聚，和我爱人、女儿一起，忆往事、话未来，共度团圆佳节。每每说起高中的往事，孙海霞总是感激涕零，还饶有兴趣地回忆起高中生活的一些往事。

聊得比较多的是全超同学，印象比较深的是全超自觉学习的习惯非常好。每年的寒暑假，他都会把新学期要学习的新知识全部预习一遍，每学年开学时都能看见他的课本已被他圈圈点点，教材的空白处都被他密密麻麻记录下了标志点和体会。正是靠着这种自觉的精神，全超的成绩一直位居全校第一。

可让人意外的是，高三那年的二模考试，全超的成绩居然下降很大，被八班的一位女同学超了 20 多分。因为是关键时期，马上面临高考，全超压力陡增，心理波动极大，情绪低落到了极点。全超的爸爸一直以儿子的成绩为傲，见儿子临近高考时成绩出现了大幅度的下滑，慌了，跑到学校找我："孟老师，您多费心，让全超的成绩再提高提高吧。"面对焦急如焚的全超爸爸，我极力安慰。此时，班主任能做的就是做好学生的思想工作,疏导学生的心理压力。于是，那个晚上，我把全超叫到教室外的走廊里，分析他这次失误的原因，找出自己的优势，吸取教训，总结经验，面向未来，调整心态，树立信心，相信自己的实力，经过自己的努力，相信一定会朝霞满天。

就这样，连续几个晚自习，我和全超都是无话不谈，他很快就把自己低落的状态调整了过来。

功夫不负苦心人，这年的高考，全超以优异的成绩被清华大学录取。

说起全超，我又想起了李松。

李松当时在三班的学习成绩仅次于全超，他一直以赶超全超为学习目标，还调皮地对我说："老师，等我的成绩超过全超了，您就表扬表扬我。"我轻轻拍拍他的肩膀，以示奖励："你超过了全超我表扬你；你没超过全超我也得表扬你呀，因为，你是个胸怀大志的学生。"得到我的鼓励，李松的学习劲头更足了。

记得一次考试结束后，李松见自己的成绩仍然落后全超很多分，心情不免有些沮丧："老师，我怎么就超不过全超呢？"我又一次拍了拍他的肩膀："超越自己，才能超越他人啊。"

细细咀嚼这富有哲理的话语，李松频频点头，似是领悟到了其中的道理。

当年高考，他以优异的成绩被中科大录取了。

接过录取通知书，他的思想又出现了微微的波动。那天，他头顶烈日，骑着自行车到学校找我："老师，您感觉我复读一年，考清华或北大有把握吗？""你说呢？"我反问他，感觉他又有了心事，"是不是全超考了清华刺激了你？"他一下子羞红了脸，点了点头："我想复读，可我爸爸妈妈却说，考上了中科大就可以了，不让我再折腾了。"

恰巧，那时天空中有几只鸟儿在盘旋，我把李松带到办公楼下的空地上，仰望天空中自由翱翔的鸟儿，对他说：“李松，你看，有的鸟儿在前面飞，有的鸟儿在后面追，尽管他们的飞行速度和轨迹不一样，但他们的目的却是一样的，那就是努力地奔向梦想和远方。”

“老师，我明白了。”李松骑上自行车，潇洒地向我挥手道别，“老师，我不会让您失望的。”

就这样，李松信心满怀地走进了中科大。

孙海霞、全超、李松，绝不是个案，直至今日，这个班的学生还提起我当年的一句口头禅——让你们轻装上阵，是我的职责。

正是因为当年的我全力以赴靠在班里，甘当学生的服务员，使得这个班的学生自觉性非常强，“比学赶帮超”的学习氛围特别浓厚，至今让我们师生难以忘怀。

遥想当年，高考后，三班毕业了 53 名同学，一本线上 13 人，二本线上 15 人，本科上线率达 52.83%，创造了兰陵县高考的标杆。如今，他们工作在全国各地各行各业，为祖国建设贡献着青春和力量。

从另一个方面说，我要感恩学生，他们成就了自己，也成就了我。

那一年的教师节表彰大会上，我被兰陵县人民政府评为兰陵县优秀教师，被授予“兰陵县高考突出贡献奖”，颁发奖金 500 元人民币，并获得了临沂市教学成绩奖。在全校师生热烈的掌声中，我披红挂花，上台领奖。

一个都不能少

本应沉浸在成功喜悦中的我，却非常冷静。我知道，犹如万里长征，这只是从事高中语文教学迈出的第一步，以后的路，肯定荆棘丛生，布满了无数的坎坷和泥泞，这就需要我继续发扬“以校为家，以班为家”的优良作风，以大无畏的气概，在高中语文教学的天地里乘风破浪。如此才能对得起对我寄予厚望的领导、同事、学生家长，才能对得起爱人和女儿，才能对得起我可爱的学生们。正因如此，以后的日子里，我都是在充电学习中度过，不放过任何一个休息日。

我万万没有想到，那年的秋季开学前，学校领导找我谈话了：“孟老师，学校在经过充分考虑后，决定调你到复读班教学，担任复读班其中一个班的班主任，两个班的语文教学工作，有信心吗？”

接过任务，我心潮澎湃，之所以这么说，是因为，复读班的语文教学和应届班的语文教学是两个不同的概念。应届班的学生以学习新知识为主，复读班以复习旧知识，提升自我为主。所以，接过高中复读班的教鞭，是需要一份勇气的。但挑战和机遇是相伴相生的，接受了挑战，并勇敢地在挑战中锤炼自我，何尝不是一种提升自我的机会呢？

本着这一初衷，我高兴地来到了兰陵一中高考补习学校报到。

初来乍到，很多事情不了解，工作也不太适应。这时，复读班的语文备课组长张杰英老师及时来到了我的身边，他就像一位大哥哥，给予我莫大的帮助，让我很快适应了复读班语文教学的套路。记得我们每次刻钢板，油印试卷后，张老师都是带着我一起先于学生做试卷。待学生考试结束，张老师又趴在我的办公桌边，指着试卷，细心地给我指点讲评试卷的要义和方法。放心不下，走进课堂时，张老师带上一张小凳子，坐在偏僻角落里听我的课。课后，真诚又委婉地指出我的不足。

正是有这些兄长的特别关照，那几年，我不仅没感到复读班的教学压力，反而尝到了教学的快乐，没有他们，就不会有我的今天。

感恩！促我成长的兄长般的老师！

有了诸位兄长般的老师的指点，我一边细心地“传道授业解惑”，一边全身心地扑在班级管理事务中，做学生的贴心人。学生有个头疼脑热的，我比谁跑得都快，买来药送给学生；学生忙于做试卷、写作业，顾不上吃饭了，我就给买来可口的饭菜，端到学生的课桌上；学生在学习上有过不去的坎了，我静下心来，细心给学生讲解……

总之，来到复读班后，我俨然就是学生的大哥哥，学生也把我当成了亲人。

一天早上，我突然发现一个学生不见了，这个学生自高一至高三一直跟着我学习，高考以两分之差落榜，得知我来到了复读班教学，就跑来跟我复习。

我紧张地问全班学生："谁知道他去哪里了？怎么没来上课呢？"学生们你看看我，我看看你，都摇了摇头。和他同宿舍的一个男生站起来回答我："老师，他退学了，昨晚他趁您休息，偷偷地跑了。""为什么？你怎么不早给我说呢？"我的心提了起来。这个男生低下头说："他不让我跟您说，怕您难受。""他为什么退学？"我几步跨到这个男生的课桌边，问他。"他说，他家庭太困难了，他爸爸妈妈实在供不起他继续读书了。"这个男生给我说了实话。

耐着性子上完课，我跑进了校长室，详细地向领导汇报了这个学生的情况后，坚定地表态："我不能让任何一个渴望读书的学生掉队。"

得到学校领导的大力支持后，我跑下办公楼，发动了摩托车，刚要起步，学校领导说："孟老师，这个学生的家在大山里边，距离我们学校近 80 里地，山路崎岖，特别难走。这样，学校给你派一辆车吧。"我感动得紧紧攥着领导的手："放心吧，我一定把他带回来。”

风驰电掣，我们很快来到了大山里。

那时的我，不但顾虑他的学业，更担心他的安全啊！

见我心急火燎，司机师傅安慰我：“孟老师，您别担心，他也十七八了吧，况且，他还是个男孩子，没事的。他一定早安全到家了。”

见山路越来越难走，我的心提到了嗓子眼：这么难走的山路，他到家了吗？路上会不会有什么危险？

越是担心他的人身安全，越是催促司机师傅快马加鞭。然而，山坡越来越陡，越来越狭窄，终因山路太窄，车无法通过了。

我跳下车，让司机师傅休息休息。我说我徒步去学生家里，司机师傅一把拉住了我：“孟老师，那一带的山路特别难走，您一个人去，我不放心啊。”

“没事的。”我拔腿就走。

见我心意已决，司机师傅冲我高声大喊：“离他家还有七八里山路呢。”想想心爱的学生，我转身对司机师傅摆了摆手，喘着粗气，向山的那边爬去。

步行近八里山路，我终于抵达了一个在地图上找不到名字的小山村。走进山村，我向村民打听这个学生家在哪里。“你找他干吗？”一个妇女眼瞪得像铃铛，紧盯着我。“我是他的老师，他退学了，我是来动员他回去上学的。”我说明了来意。另一位妇女的嘴角撇到了耳根：“动员他回去上学，他家……”未容这位说完，又一位插话道：“各人的日子各人过，咱管不了人家。”

……

我不想听她们叨叨，只想尽快找到这个学生。于是，我耐着性子说：“麻烦您给我指指路，好吗？”

第一位发言的双手交叉，用下颌指了指左侧山脚旁一小河坝的山坡上低矮的茅草屋：“那家就是。”

得到准确的指点，我喜滋滋地往山脚赶。身后，传来一位妇女的声音：“他家穷得，还上学呢！”

我心里一沉，但，脚步却迈得更快更稳了。

走近了，我才看清那所房子，这就是我那个学生的家吗？！

这是怎样的家啊！

没有院墙，只有三间低矮的茅草屋，狭窄的院子也是空荡荡的。堂屋的门头很低，低头弓腰，才能迈进屋门。正堂屋的两侧，放着两张破旧的木床，中间放着一张用薄石板垫着桌腿的吃饭桌。靠近东侧的破木床边，坐着一个小姑娘，她衣衫破旧、满脸灰尘，还流着鼻涕。

看到这里，我打了个寒战，尽管夏末的天气还很炎热。这是怎样的家啊！用家徒四壁形容一点也不为过。

看罢此情此景，我心里堵得难受，那一刻，我真正理解了这个学生执意退学，跟我不辞而别的苦衷了。

我蹲下身来，拉着可怜的小姑娘，说出那个学生的名字后，我问：“你是他什么人啊？”

“他是我哥哥。”女孩惊恐地睁大了眼睛，小声地回答我。

“你别怕，我是你哥哥的老师，我是来带他上学的。”我擦了擦眼角的泪花。

“他和我爸爸一起去罗庄打工了。”女孩怯生生地回答我。

“什么时候走的？”我不解，因为昨夜他才跑回家啊。

“今早我哥哥回到家，就和我爸走了。”女孩低下了头。

我不敢想象，他是怎么步行近 80 里山路连夜跑回家，又马不停蹄地随父亲外出打工的。我没有多想，提笔把我办公室的电话写在一张纸上，留给小女孩，一再嘱咐她，等她哥哥回家后，务必给我打电话。

那时，我也想到罗庄去找他，但茫茫人海，我到哪里才能找到他呢。

经过耐心等待，我终于接到了他的电话。听到我声音的那一刻，他泣不成声：“老师，我想读书。”

“我去接你，你是我的学生，我来想办法。”我没有丝毫的犹豫。

就这样，这个学生又一次走进了兰陵一中。

我向学校写了申请，减免了他的全部复读费并资助了生活费。

他没有辜负我，次年高考，他顺利地走进了中国石油大学的校门。

临去大学报到前，他从老家带了一大麻袋山货来看望我，细数之下，有绿豆、花生、山枣、玉米等三十多种农产品。那一刻，我泪光盈盈，这不只是礼物，更是一名学生对老师的无限感激之情啊！

我和爱人也送了个红包给他，作为对他的祝贺、祝福及鼓励。

送别他的那一刻，我颤抖着，紧紧地拥抱了他……

“胸怀大爱，助其成长”，这应该是一位教师的职业操守，拥抱着他，我深深感到教育原来如此幸福！

临沂三中
成就了我

LIN YI SAN ZHONG CHENG JIU LE WO

三中，我来了

2003年10月的一天早晨，语文备课组长递给我一份临沂市高中讲课比赛的通知，说学校经过研究，决定推举我去参加这次讲课比赛。

双手接过通知，我一时不知说什么好，既激动又忐忑。

不能让领导失望，更不能辜负学校对我的培养，就这样，我愉快地接受了任务。

经过一番准备，我带着《在马克思墓前的讲话》一文的教案，只身一人来到了参赛地——临沂三中。

走进临沂三中，一种莫名的情绪在我心中泛起——看着众多参赛选手，想想自己第一次参加市里的大赛，能有获奖的希望吗？

这样想着，感觉自己没有一点儿信心。

垂头丧气之际，猛然想起临行前语文组几位兄长对我的嘱咐："你有县级讲课比赛一等奖第一名的经验，拿下市级讲课比赛的一等奖没有任何问题！我们对你有信心！”

“信心！信心！”我喃喃自语，一股豪气从我心底升腾起来。

上午第二节是我讲课比赛的时间，按照预定计划行云流水般地完成教学任务后，我长舒一口气，向评委老师深深地鞠了一躬，然后走出赛场，信步来到三中的林荫道上，想放松放松紧绷的神经。

这时，一位老师走到了我的面前，他伸出热情的双手说：“认识一下吧，我叫李公臣（后来才知道，他是那次讲课比赛评委组组长，兰山区教研室副主任），看你的资料，你是兰陵一中的语文教师。”

面对和蔼可亲的李主任，我有点不好意思：“您好，我是兰陵一中的语文教师孟黎。”

“你很有潜力啊！”李主任笑容可掬，“你的课很不错的！刚才，我们几位评委简单交流了一下，一致认为，你这节课效果非常好！”

得到李主任的夸奖，我更不好意思了，羞红了脸。

未容我说几句谦虚及感激的话，李主任就问我：“怎么样？这里环境如何？学生素质如何？有兴趣来临沂三中工作吗？”

我一时语塞，不知如何回答是好。

见我如此，李主任哈哈大笑：“是这样的，为大幅度地提高兰山区高中教学质量，经上级有关部门批准，兰山区教体局明年暑假将在全国范围内引进人才。你有没有兴趣？如果有，就把你的简历和荣誉证书的复印件提交给兰山区教体局人事科。合不合格，需要人事科综合考评，考评通过了咱们就是真正的同事了，期待与你相互学习。”

这……这不会是天上掉馅饼了吧？！能去兰山区工作，可是我梦寐以求的啊！想到这里，我说：“太突然了，我考虑考虑如何？”我回答得很谨慎。因为，我不知道培养了我、助我成长的兰陵一中是否会同意我离开，带着这样的顾虑，我难以给李主任答复。

我心事重重地回到学校，不敢张扬，只好把心事压在心底，按部就班地上课。

没过多长时间，讲课比赛的成绩公布了，我获得了临沂市高中语文讲课比赛一等奖第一名的好成绩。

怀抱获奖证书，我都不敢相信这是真的。

冷静下来之后，我突然想起李公臣主任那次与我的短暂谈话。我心想，这次拿到了好成绩，也有了去兰山区的资本，想着这事的同时我拨通了李主任给我留的电话，电话那边答复说，你条件很好，可以来试试。

彼时，我万分激动与兴奋。因为从南桥中学到县一中工作已经七年了，爱人和女儿一直在乡镇，这些年也一直等待领导能照顾我们两地分居的困难，把爱人调到县城工作，但总是阴差阳错未能如愿。三十多里的路程把我和妻女分隔两地七年了，想起这事我就有很强的愧疚感，感觉愧对爱人和女儿。

第二天，我便整理了任课以来的所有获奖证书，带着试试看的心态，走进了兰山区教体局人事科，把简历和获奖证书复印件递交给工作人员。

从兰山区教体局人事科回来后，我一直忙着工作，因为高考的日子马上就来到了。

天天“三点一线”地忙活，我都把兰山区教体局“引进人才”的事忘了。

暑假里的一天，我突然接到兰山区教体局人事科的通知：恭喜你进入了我们的“引进人才”考察名单，请速来人事科签字确认。

再次走进兰山区教体局人事科，我才知道，我的获奖证书的量化赋分还是蛮高的。

“孟老师，请留步。”签完字，刚走出人事科，一位工作人员招呼我，“科长找您。”

我站在人事科付春成科长的办公桌旁，付科长又把我让到他身边的椅子上坐下：“孟老师，听说你家属也是优秀教师，你有随迁要求？”

“是的，付科长，我家属也是县里课赛一等奖获得者，教历史，我们两地分居七年了，恳求领导从实际出发能照顾我们一起来兰山区工作。”我诚恳地回答付科长。

不久后，我爱人果然随迁调入了兰山区工作，女儿也得以在驻城一所小学读书。

我开始了临沂三中的教学工作。

难忘那一年

带着爱人孩子走进正飞速发展的临沂，我们一家三口犹如刘姥姥进了大观园。仰望一座座比肩接踵的摩天大楼，女儿手舞足蹈，问我：“爸爸，咱家在哪里啊？”爱人也感慨地说：“咱啥时候在临沂城也有一套自己的房子啊？！”将爱人和孩子带到我提前在三中不远处的韦屯村租住的楼房里，边收拾行李边打趣地安慰妻女道：“放心吧，只要我们好好工作，面包会有的，牛奶也会有的。”

晚饭时，女儿对我说：“爸爸，以前都是妈妈送我上学，明天，您送我可以吗？”

女儿自打出生起，一直都是爱人照顾，我真没有给她多少父爱。听女儿这么一说，我心头一酸：“孩子，不只明天，以后都是爸爸接送你。”“真的？”女儿睁大了眼睛，“咱拉钩！”“拉钩，上吊，一百年不许变……”和女儿享受着天伦之乐，我心里乐开了花。

看着女儿在客厅里放飞自我，我对坐在沙发上的爱人说：“小邵，你跟着我颠沛流离，受苦了。”

爱人知道我要说什么，安慰我说：“不就是我到朱保中学支教一年嘛，没啥，我不一直都在乡村中学任教嘛。”说到这里，爱人转移了话题，“临沂三中是临沂市的重点高中，你可得好好干！”

“放心吧，我一定给你争光！”

第二天一早，爱人坐上公交车支教去了。我骑上自行车，匆忙将女儿送到学校，交给她的班主任，就风风火火跑到临沂三中报到了。

迎接我的是田福林校长和诸位学校领导。

田校长把我迎进校长办公室，并热情地给我端来一杯绿茶：“孟老师，你是我们引进的骨干教师，照顾不周，多包涵。”

未容我说几句感谢的话，田校长继续说：“孟老师，对于你的工作安排，我想征求征求你的意见。”

“田校长，既来之，则安之，您吩咐就是。”我这样表态。

“这样吧。学校想让你带高三年级艺术类重点班和普通类重点班两个班的语文课。怎么样？有困难吗？”田校长向我投来期待的目光。

“这……”我一时不知如何回答为好。

我私下了解到，艺术类重点班和普通类重点班这两个班的语文课，暑假期间，学校已安排了两位老师教授。现在让我去取代他俩，不论从哪方面说，都有待商榷啊，我不能刚来到就把同事从高三挤下去啊。想到这里，我开口道："田校长，谢谢您对我的信任。不过，我是高中语文教学的一名新兵，我想跟临沂三中的语文老师好好学学，我先从高一语文授课做起，边学习，边授课，保证做好语文教学工作，好吗？"

田校长一眼看穿了我的心思："我知道你怕惹出什么不愉快，放心吧，学校会做好他们的安抚工作的，相信你也会处理好同事关系的。"

田校长这样说着，像兄长般搂着我的肩膀，亲昵地说："孟老师，学校期待你给临沂三中创造一个新的辉煌，给明年参加高考的学生一个光明的前途和未来。"

不用再说什么了，我感觉身上的担子太重了。我必须负重前行，给临沂三中一份合格的答卷。

带着领导的期待和临沂三中赋予的重任，我大踏步走进了课堂。

没过几天，我发现，不论是常规教学，还是常规教研活动，只要我上课，同年级、不同年级的老师经常会不打招呼地走进我的课堂，观摩我的教学。那时，我的每一节课，几乎都成了示范课，总有前来听课的老师坐在教室的后面，特别是我们语文组，因年轻教师居多，他们都是先听完我的课，再去上自己的课。我一时压力山大，更加不敢懈怠，就越发努力，越发精益求精，把每堂课都打磨成精品课。

时间真快，不知不觉来临沂三中一个月了。

一天，我正在讲授新课，兰山区教体局人事科付春成科长带领人事科的同志来到我的课堂。他同我握了握手说："孟老师，麻烦您移步课堂外，我们有项工作要做，很快就能完成，只耽误您一小会儿的授课时间。”

不知道付科长他们要干什么，我极力配合他们的工作，几步跨出了教室。

原来，兰山区教体局为了检验引进的骨干教师是否“货真价实”，他们就不打招呼对其进行课堂教学评价。

付科长他们一一将评课表下发给学生，待学生将评课表填完后，他们收齐评课表，就匆忙地同我握手道别了。

又过了很长一段时间，我才听付科长说：“那天，教体局下发评课表，就是从一个侧面考察引进的每一名骨干教师的教学水平。从各方面反馈回来的情况，特别是从学生那里收回来的评课表汇总的情况看，你绝对是高中语文教学的优秀教师，因为，你的课堂，得到了学生的一致好评。”

金杯银杯，不如学生的口碑。

“孟爸”的由来

于我而言，来到三中第二年，我收获了一个“编外女儿”。

那是我来临沂三中第二学年的下学期，我发现，班里的一个女生早晨第一节课总是因为在宿舍梳洗打扮而迟到。多年班级管理的经验告诉我：这孩子可能有问题了。

这天，我走进课堂，已开始讲课了，那个女生又姗姗来迟。

“报告！”女生一点也不感到羞涩，嗓门特别高。

我迟疑了一下，但很快做出了一个决定：是时候和她好好沟通一下了。

我走下讲台，几步跨出教室，将她引到教室门外的一侧，我则站立于教室门口，厉声问她：“给我个理由吧，近期你为何总是迟到，你不知道这样会影响学习吗？再有几个月就高考了啊！”

“老师，你为何批评她？”突然，教室内一个男生怒气冲冲地蹿了出来，指着我，大声质问我，气势咄咄逼人。那一刻，我怔住了。

教室内的学生都捂着嘴偷笑，目光齐刷刷地投向我。

我知道解决这件事迫在眉睫，转身给班里的学生布置了作业后，又安顿好这个女生，将这个男生带到了谈话室。

我语气温和地连续问了这个男生两个问题：“老师批评这个女生有错误吗？”“女生和你什么关系？是你表姐还是表妹？或是……”

问完后，我一直不语，等待他的回答，时间过了大约几分钟，我看到他高昂的头慢慢地低下了，但还是一言不发。我趁机打破了僵局：“我不否认，女孩子都是天生爱美的。爱美之心，人皆有之。爱美真的无可厚非。但是每日洗头打扮，上课迟到不影响学习吗？毕竟高考在即。老师善意地批评那个女生，你怒气冲冲地跑出来顶撞我，是否合情合理？你的出发点是什么呢？其他同学没有出来找老师，唯独你为她顶撞老师，老师想问问，这是什么原因呢？”

听我这么一说，这个男生明显地慌乱了，说话也语无伦次起来：“老师，我……我就是……我就是见你批评她，心里……心里难受。”

“首先，老师并不是无故批评，其次，其他同学为何不难受？为何唯独你难受呢？”明显地，他的心理防线开始崩溃了。于是，我紧追不舍。

“我……”他无言以对。

“你喜欢她？”我接着问。

他的脸唰地红了，又一次低下了头。

“在青春期对异性产生好感很正常，但中学生应该以学习为重。假如你真的是为了她好，就应该提醒她把梳洗打扮的时间用来学习。”

“老师，我错了。”他的眼角流下了两滴泪。

送走男生，接着，我把那个女生约到了谈话室。

“能告诉老师吗？你每天都用大量的时间梳洗打扮，初衷是什么呢？”我让她坐在小凳子上，开始引导她。

她的脸羞得通红。

“假如你每天过度地梳洗打扮是为了爱美，那么，对于一个即将迎接高考的学生来说，这就是浪费时间。假如你不是为了爱美，那你是不是有什么心事？”

她低下了头。那一刻，她或许是理解了我的良苦用心，欲言又止。

“告诉老师，或许我能帮助你。”我这样引导她。

“我……我们……老师，我看我们快毕业了，他又对我很好，我们就恋爱了。”她终于向我敞开了心扉。

“如果你们彼此喜欢，我建议你们把这种喜欢化作无穷的动力，把主要的精力放在学习上，双双走入高等学府，岂不更好？毕竟这是高考前夕啊！我只是想告诉你们，如果因为早恋断送了你们的大好前程，世上是没有后悔药的。”

“老师，我错了，我们错了。我们会把心思放在学习上的。”她的眼角湿润了。

送走这个女生，再次走进教室，我就像什么也没发生一样，按部就班地上课。和往日不同的是，我频繁地提问他俩问题。

以后的日子里，岁月见证了奇迹的发生。

从那以后，他俩真的一门心思扑在了学习上，高考后，两人顺利地走进了两所不同的本科院校。

后来，我来到了临沂十一中担任业务校长。一次联考，女孩的妈妈来临沂十一中监考，见到我的那一刻，她走上考务室的主席台，说道："您是孟校长吧？我是某某的妈妈，您还记着她吗？"

"哦，是的。"我突然想起当年那个爱打扮的女生，连忙说，"记得，记得。"

"孩子现已大学毕业，也有了工作，知道我要来您这儿监考，便委托我感谢您对她的教育和关爱。她还让我转达：认定了您是她一生的'孟爸'"。

闻听此言，我唏嘘不已，感慨万千——教师的本职工作不光是教书，还要育人。只因一起"早恋的故事"，学生就铭记于心、感激不尽，还亲切地称我为"孟爸"，我感到无比欣慰和幸福！

教育本来就是有温度的啊！

想念一个人

弹指间，一年过去了。

这一年，我以高度的责任心教书育人，取得了令人满意的教育教学成果。我授课的两个班级，高考成绩揭晓后，本科进线率高达80%，进入名牌大学的学生有几十人。

怀揣喜报，我并没有外人想象的那样沾沾自喜。我知道，来日方长，以后的路还很长、很长……

2006年，田校长退休了，经严格的民意测评、组织考核，庄汉进校长被兰山区教体局任命为临沂三中党支部书记和校长。

庄校长有强烈的改革意识，上任伊始，他和领导班子成员一起，将各学科的教研组改为学科教研室；将各学科教研组长改为学科教研室主任。经公平、公正且严格打分、各类有效荣誉赋分，我被推举到了临沂三中高中语文学科组教研室主任的位置上。

双手从学校领导手中接过沉甸甸的任命书，我想了很多很多。过去，我只是临沂三中一名普通的“语文人”，可以无拘无束地在自己的一亩三分地里自由耕耘，如今不同了，我不但要把自己的课上好，还要带动语文学科的发展。这是一份压力，也是一种责任。

怀揣这一美好愿望，我带领语文组的同事们将探讨教材、教法作为教学的重要任务来抓。

那个年代，对学生而言，高中语文文言文的学习始终是难点。如何让学生轻而易举地攻克难点，在教研活动中，我向同事们抛出了问题。

常规教学出力不讨好，见效也慢，必须进行课堂教学改革。唯有改革，方有出路。

怎么改？我和同事们讨论了很久，课堂中也反复尝试，集思广益，形成了临沂三中“高中语文‘六环节’高效教学流程”。

提到六环节高效教学流程，不由得想起引路人兰山区教体局教研室副主任、高中语文教研员李公臣主任。

李公臣主任是位令人尊敬的长者。

他治学严谨，对高中语文教学有很深的研究，对高中语文教师要求特别严格。他走进任何一位高中语文老师的课堂，都是那么专注地听讲，课后评价时，他都会发表一番独到的见解。他对高中语文教学的深度把握，源于多年来他在高中语文教学一线的课改探索研究。正因如此，我成长中的每一次拾级而上，都得益于他对我的谆谆教诲。

我清楚地记得参加省级讲课比赛的情景。

讲课比赛通知要求，比赛个人所讲课题要提前一天抽取。也就是说，参赛人抽到所讲课题后，只有一天的准备时间。但我们并不是毫无准备，李主任来到我身边，和我一起探讨可能要抽到的课题篇目的重难点和教学思路、执教技巧。我知道，追求教学思路的出奇创新，追求课堂教学的“既在情理之中，又在情理之外”，一直是他所倡导和追求的，所以在他的指导下，我也是在“出奇、创新”的课改道路上摸索。

记得在省讲课比赛前的那晚，因为第二天就要抽取讲课比赛的课题，所以我和李主任就躺在宾馆的床上，早早熄了灯。然而，心中“有事”，我和李主任谁都睡不着，都在反复猜测第二天可能抽取到的课题题目。那年的老版本高中语文教材突然多了一篇新篇目——《囚绿记》。可能考虑到我对其他篇目的教学已非常熟悉了，李主任就对我说：“孟老师，对这篇新课文，你说说你的思路吧。”有他做指导，我有什么担忧的。于是，我滔滔不绝起来。

外人是绝对体会不到我那晚的感受的。

当我把教学设计思路和盘托出时，他一一为我点拨，我真切地感受到了一位资深语文人对新人无微不至的关怀。我很幸运，幸运自己在这执教生涯至关重要的关口，有李主任给我指点迷津。这种外人难以理解的不是父子却又胜似父子的关系，深深地影响了我的女儿。每每见到李主任，幼小的女儿都甜甜地喊一声：“李爷爷。”

得到李主任的点拨，我一骨碌爬起，连夜写出了教案。

第二天抽比赛课题，我意外地抽到了《项链》。

紧紧盯着《项链》，李主任沉思片刻后对我说：“孟老师，前期我们不是一起探讨了‘四步阅读法’嘛，我感觉，用‘四步阅读法’讲这节课，效果一定不错。”

他这么一说，我突然想起前些日子我在他的指导下精心打磨的“四步阅读法”。

自读（初步的感知、情节的梳理）→解读（语感的体验、人物或事件的初识）→品读（细处的揣摩）→悟读（对人物形象或主题的理解和深化）。

根据李主任的提示，我信心满怀，将临沂三中全体语文人实践的“四步阅读法”信手拈来，《项链》的教学设计一气呵成。而后，我又根据他的意见反复修改，终于拿出了我们都认为非常满意的教学设计。回过头来想一想，尽管我没能抽取到那篇新增加的课文，但是李主任指导我“磨课”的每一个细节，至今都还深深印在我的脑海中。

比赛的时间到了。

带着他的殷切期盼和热切祝福，我信步走进了课堂。

成绩揭晓的那一天，李主任和我相拥而泣：“祝贺你，孟黎，一等奖第一名啊！”

我轻轻拭去眼角的泪水，哽咽着说：“没有您老人家的指引，哪有我的今天啊！”

这绝不是虚伪的客套话，是发自肺腑的真言。

每当我想起语文，想起高中语文教学，就会想起李主任。

我绝不是他关怀的个案，历数兰山区高中语文教师，好多教师的成长大都得到他的指导和帮助。尽管他60多岁就与世长辞了，但他在兰山区高中语文界的口碑和对语文人“刻意创新、出奇制胜”的执教风格，至今令人难以忘怀。

我在心里默默吟唱起了被我改编的《山谷里的思念》的两句歌词：“我在育人的舞台，思念天堂的您。”

全国课赛夺冠

2010年4月12日，全国课堂教学艺术大赛在山东省曲阜市举行，我是唯一代表山东省参赛的选手。

4月10日上午，我按比赛的通知要求准时到达曲阜杏坛中学报到，下午两点，来自全国的所有参赛选手抽取讲课比赛的课题。我幸运地抽到了一篇自己心仪的文章——《装在套子里的人》。可就在我沉醉在喜悦中时，弟弟的电话突然打来。

“哥，咱爷爷走了。”

“啊？什么时间？怎么这么突然？”

………

我简直不能接受，悲痛的心情无法抑制，在抽签的现场我失声痛哭。

我是爷爷的长孙，也是爷爷的骄傲和荣耀，不管家里什么事，爷爷总是跳过父辈与我商量，让我拿主意，因为爷爷一直相信我和村里的那些老师一样是有学问的人。

弟弟的电话太突然了，我怎么也不能相信爷爷的离世。来参赛前，我专程回了老家一趟去看望爷爷，还给他带了两瓶高度“江泉酒”。爷爷一生钟爱烈酒，哪怕就着盐粒也能喝上二两。

上次回家看望爷爷时，爷爷已经躺在床上不能自理了，但是神志还很清醒，我俯下身贴着他的耳朵说：“爷爷，我去曲阜讲课去了，您好好吃饭，等我回来。”怎么也没想到，这次离家却是和爷爷的永别。

因为我抽到的讲课时间是12日的上午第三节，曲阜到我老家120公里，回一趟老家时间完全来得及。就这样，挂了弟弟的电话，我当即决定回家看看。

回到老家后，我想放弃本次全国课赛，可在亲友的劝说、同事的安慰下，12日的早七点我又返回了比赛现场——杏坛中学。

上午第三节我就要登场了，自接到弟弟的电话开始，我满脑子都是爷爷的过去，好在我抽到的课题已讲过多遍。

那次大赛，我竟意外地获得了一等奖第一名。我想，这沉甸甸的奖杯，是对爷爷最好的告慰。

如下是那次大赛《装在套子里的人》的教学实录。

获奖篇目：《装在套子里的人》

获奖时间、地点：2010 年 4 月，山东曲阜

教学实录

《装在套子里的人》

孟黎 / 执教　朱成广 / 点评

师　小说对人物形象的塑造是传达作品思想内容，表达作品思想情感的重要途径，我们很难忘记孔乙己、变色龙、阿 Q、祥林嫂等一个个鲜活的形象。我们也应感谢这些形象带给我们的对现实生活的一次次沉重的思考。今天，就让我和大家一起走进世界著名短篇小说家契诃夫的《装在套子里的人》，再来结识一位特殊的人物——别里科夫（板书）。（点评：“导语”重在“导”，一语指出学之途径，而后温故，明其旨归、走入新课。）

一、自读

师　老舍先生说过：“一篇好的小说，人物形象是立在读者面前的。”小说的阅读，首先是对人物形象的感知，继而才是对人物性格的把握。同学们读了这篇小说后，主人公别里科夫给你留下怎样的印象？

［思考后自由发言，多生描述人物形象，既尊重文本，又有所创新］

生 在最晴朗的日子里，穿雨鞋，带雨伞，穿着暖和棉大衣……

生 走在街上，戴着墨镜，低着头，把脸藏在竖起的衣领里……

生 走路低着头，猫着腰，把脸藏在衣领里，恍恍惚惚的一个人……

（点评：直奔人物，浅入先见形象，学生已经心中有人矣！好一个“恍恍惚惚”，此乃心中真感受！）

师 同学们对别里科夫描述得如此生动形象，很让老师佩服，那么根据你的描述和理解，别里科夫具有怎样的典型性格？

生 怀旧、封闭……

生 胆小、多疑……

生 害怕新生事物……

师 你是从人物描写的哪些方面看出来的？

［引导学生速读文本，找出文中描写人物的方法］

生 语言、肖像。

（点评：本环节先见人，再知人，用时不多，效果很好。得益于指向明确，思路畅达。）

二、解读

师 小说中典型人物均有典型的语言。

例如：“我真傻，真的。”（祥林嫂）

“我们先前——比你阔的多啦！你算是什么东西！”（阿Q）

“多乎哉，不多也。”（孔乙己）

“生存还是毁灭。”（哈姆雷特）

这些语言都极传神地揭示了人物性格，那么别里科夫的经典语言是什么？［学生默读文本，标画经典语言］

生　“千万别闹出什么乱子！”

师　这句话应该怎样读呢？谁来试试。

生　语速要慢，尤其读“千万”“乱子”两词时。

生　注重重读，特别是对“千万”“闹”两词要重读。

生　［尝试读］

师　为什么要这样读呢？

生　应符合主人公别里科夫的性格特点：封闭、怀旧、胆小、多疑、害怕新生事物……

师　请问这位同学，读出来别里科夫的心理了吗？

生　感觉没有。

师　请同学们自由品读这一语言，同位之间互相读给对方听听。

生　［自由试读］

师　他在不同场合重复的这一语言，表现了他怎样的心理？

生　这句话以不同的方式在文中多次出现，充分表现了他对一切没有被政府明令禁止的事物都觉得可疑、害怕的心理。

［这一环节注重体会人物心理：反复品读→指名仿读→师生评读］

（点评：诵读乃兴味之发端，用读的惟妙惟肖点活人物，读者心中皆有一个自己的别里科夫了。其神情、心理皆活灵活现于一句

“千万别闹出什么乱子！”这才是所谓“对话”“交流”之境界。）

三、品读

师 人物形象的塑造必须符合人物的性格特点。

例如，鲁迅《药》中突出描写了华老栓的手：“老栓慌忙摸出洋钱，抖抖地想交给他……”通过对手的刻画揭示他此刻的复杂心理；在《祝福》中多次刻画祥林嫂的眼睛，通过对眼睛的传神刻画，充分展现祥林嫂的悲苦生活及不幸命运；那么契诃夫刻画别里科夫的传神之笔又是什么？

生 脸色。

师 小说中多次刻画别里科夫的脸，最能表现别里科夫心理变化的是哪几次？

生 “我们动身了，他脸色发青，比乌云还要沉。”

生 “他躺在被子底下，战战兢兢，深怕会出什么事，深怕小贼溜进来。他通宵做噩梦，到早晨我们一块儿到学校去的时候，他没精打采，脸色苍白。”

生 “讲到我姐姐和我骑自行车，这可不干别人的事。”柯瓦连科涨红了脸说，“谁要来管我的私事，就叫他滚！”别里科夫脸色苍白，站起来。

生 “他俩走远了，不见了。别里科夫脸色从发青变成发白。他站住，瞧着我……”

师 综上所述，别里科夫的脸色发生了怎样的变化？

生 脸色发青→脸色发白→脸色苍白。

师 脸色变化中揭示了别里科夫怎样的心理变化?

生 越来越害怕新生事物。

生 畏惧新事物的程度逐渐加深。

（点评：由点活人物再退一步，聚焦别里科夫的“脸色”，点抓得准，有嚼头。且由华老栓、祥林嫂的不同刻画迁移，让学生比较中既重温已知，又明确刻画手段必须服从于不同人物的不同性格各有侧重。一石三鸟，可谓妙招！）

师 那么能不能把对别里科夫“脸”的刻画换成对“眼睛”的刻画?

[小组讨论，合作探究，交流答案，体现多元解读]

生 不能。眼睛是心灵的窗户，他僵死的心灵早已把这扇窗户关闭。

[学生掌声鼓励]

生 能。由别里科夫的性格决定，他的眼神也应是胆怯、多疑、呆滞、无神……可从这些角度描写。

[学生言之有理，教师予以肯定，然后表达教师个人见解]

（点评：换一个角度看问题就会有全新的认识。同样换一种手法刻画人，也会增添更丰富的内容。至此，更激发了学生的合理想象，且是植根于人物性格而生发的想象，这就给学生搭建了一个新的平台。有了这个平台，学生的才智才能尽情地发挥。在这里，师生的才情决定这一互动的质量。从课堂的表现看，效果还是不错的，但也还有更大的互动空间。）

师 别里科夫在华连卡的笑声中倒下了，你怎样看待别里科夫的死？别里科夫的死是他杀还是自杀？

生 自杀。他封闭自己，生性多疑，自己的性格杀害了自己。

生 他杀。以柯瓦连科姐弟俩为代表的新生力量杀害了他。

生 他杀。腐朽、封闭、保守、僵化的思想杀害了他。

生 既是自杀也是他杀。

师 别里科夫既是受害者又是害人者，专制制度毒害了他，他又是专制制度的维护者。

（点评：总观品读环节，分三步走。先是聚焦脸色，由点活人物逼近人物的内心世界，接着转换手法，搭建一个新的平台，在师生互动中让学生认识到手法只是手段，而凸显人物个性才是目的，这是环节的关键一步，也是该课的亮点之一。第三步的跨度太大，上下缺少一个必要的过渡，那就是："别里科夫的性格将会在生活中走向一个怎样的命运？"有了这个问题的探讨，讨论别里科夫的死才能水到渠成。这似乎应该是该课的遗憾。）

四、悟读

师 至此，我们回头再看文章的题目，你怎样理解题目中的"套子"？还仅仅是雨衣、雨鞋以及别里科夫所教的古代语言吗？若不是，套子又是什么呢？

（点评：回扣文题，一石激水。）

生 不是，套子已经不是具体的事物，而是一种抽象化的思想。

生 不是，套子已经是保守、顽固、腐朽、专制、禁锢的思想或制度的代表。

生 不是，还应当是别里科夫的典型性格。

（点评：从学生的回答看，学生已经读懂了文章，能触摸作者的匠心，或许他们还不能用“典型环境中的典型性格”来概括自己的感情，但从理解的深度上看，他们已经进入了这一境界。）

师 别里科夫就是被这一重重套子束缚，走向了人生的结局，但是，别里科夫这个世界文学史上著名的典型形象，至今还鲜活地存在于人们的印象之中，一定还将永远流传下去，必定有其深远的现实意义。请问同学们，他的那些套子能给我们带来什么启示呢？

（点评：如果问得更直接些，那就是：现实生活中有没有这种“套”？有没有这种人？）

生 做事不能固守成规，要革新思想。

生 生活中的我们应该严于剖析自己，不能故步自封，应与人、社会和谐相处。

生 固守规矩固然重要，但生活中更要与时俱进，顺应历史潮流。

（点评：时间允许的话可以讨论得更充分，这是一个生成的良机。借已经飞驰的思维，顺势布置一个活动探究题或可以补益因时间不足造成的急收之憾。）

师结 顽固、保守，不仅仅是别里科夫反对新事物、反对进步的套子，也可能成为生活在今天的我们反对新事物、反对进步的套子。人是很容易满足的，满足于已经取得的点滴成绩，满足于眼下比较舒适安逸的生活，于是不再努力奋斗，不再积极进取，“满足”便成了一种套子。不仅自己深受其害，而且还无情地嘲笑甚至阻止他人的进步，成为个人、社会前进的绊脚石。其实，在现实中，“骄傲”是一种套子，“虚荣”也是一种套子，“嫉妒”是一种套子，“自私”也是一种套子。我们只有根除自身的陋习，驱除心中的邪念，才可能摆脱“套子”的束缚，走向灿烂辉煌的人生。

（点评：新课标强调三维立体教学目标在课堂内的有效交融，但在具体的实施过程中要做到水乳交融、浑然一体的确并非易事，本环节用文本作用于生活，让学生用阅读的经验提升对生活的认识，引发学生对生活的思考、提炼。回过头来，这个思考、提炼的过程又反作用于对文本的阅读，既加深了对文本典型性的理解，又丰富了文本的现实意义。情感、态度、价值观于春风化雨中得到熏陶，感染。我们不得不承认，这是小说教学升华的妙笔。）

执教感言

我教《装在套子里的人》

孟　黎

《装在套子里的人》是契诃夫的代表作，是一篇具有深刻思想意义和广泛社会影响的作品，自问世以来就一直吸引着无数的读者，让人感慨，引人思考。但是，本文篇幅较长，语言浅易，情节简单，人物关系单纯，学生读完一遍有可能就感到索然乏味，不能深入地理解和把握文本。如何引导学生深度解读文本并挖掘其现实意义，就成为本课教学中的重点，为此，我确定了本课的两个学习目标：1. 把握人物形象；2. 理解人物的现实意义。这两个目标，从内容上，以探讨人物形象为主线，由点及面，由浅入深，由人物到主题；从能力上，以生为本，重在让学生养成自己研究、分析和解决问题的习惯，培养学生自主合作学习的能力。

回顾教学的过程，学生领略了这一艺术精品的风采，但学生的认识只是冰山一角。《装在套子里的人》是高中语文教材中的传统篇目，从教与学的角度而言是说不尽的，在实际的课堂教学中，我力争做好以下环节：一、案例的操作受课堂时间的限制，必须紧扣教学目标，突出教学主线，努力“删繁就简，避熟就新”，要对教学内容进行“战略性资产重组”，带着教材走向学生，使学生学得乐，学得深；二、要激发、调动学生思考，关键是要将一定的学习目标转化为问题，通过创设合理的“问题情境”将主体阅读活动始终置于“最近发展区”，以最终实现有所发现的预期结果；三、在动态的多变的教学过程中，重视对学生思维行为的引导、点拨，进行有效的课堂调控，使阅读活动始终围绕一定的目标展开，通过“追问”实现“有效学习”。

从教学效果看，本节课完成了预设的教学目标，达到预定的效果。反思教学过程，成功之处在于：教学层次定位准确。本人能够在学生把握情节的基础上，从人物性格切入，选点准确，学情意识强。在对人物性格的理解和作品的鉴赏中，尊重学生的理解，善于从学生的表达中引导点拨，注重了教师角色的转换和学生主体地位的落实，注重了阅读的多样化，激发了学生学习的兴趣。在师生互动和生生互动的研学氛围中，达到了提高阅读鉴赏文学作品的能力的目的，尤其是敢于走出预设，在师生、生生的思维碰撞中形成创生性学习效果的做法，更是本节课的一大亮点。

但是，由于教师的作为必须受 45 分钟的限制和师生思想交流不可预设的制约，这节课同样有不尽如人意的地方。其提高的空间可以从以下方面着眼：首先，课堂导向语言应进一步精确、凝练，突出有效信息，给学生更明确的思维导向；其次，评价语言还有待于提高、丰富；最后，作家思考生活的方式有其共性特点，可以尝试归纳式思维引导，以启发学生的智慧，开发学生的智力。

总之，课堂教学也是一门遗憾的艺术，尤其是在师生碰撞的动态过程中，具有不可预设性。但是，我坚信：只要有追求，理想就会实现。

同行评议

与同行对话

杜传强（临沂三中教师、省特级教师，以下简称杜）：这是一堂精彩的课。在设计上，从人物形象之“形”入，由人物形象之“象”出，通过对人物语言、表情等典型细节描写的揣摩品味、分析探究，一个胆怯多疑、顽固守旧的“套中人”形象呼之欲出。思路由此打开，人物与环境的关系得以揭示，艺术形象的社会意义也顺势而出，环环相扣，拾级而上，可谓瓜熟蒂落，水到渠成。

孟黎（以下简称孟）：人物是小说的三要素之一，是小说的心脏，或者说中枢，能否在小说中创造出令人难忘的栩栩如生的人物形象，是一篇小说成功与否的关键。如果一部小说没有塑造出典型的人物形象，它就不能跻身于一流作品的行列。塑造人物形象非常重要，但解读人物形象更为重要，抓住了人物形象，就抓住了小说的根本。在设计这篇文章的学习思路时，我把对故事情节的了解放到了课下，把对人物形象的研读放到了课上，目的就是通过对人物形象的分析评价、挖掘体味，让学生看到一个立体感、现实感都较强的别里科夫，进而让学生学会如何去解读小说中的人物形象。

杜：这一点我已经深刻地感受到了。你设计的导语就是从人物形象入手，先向学生展示一个个鲜活的世界文学宝库中的艺术典型，然后自然引出别里科夫，让学生一开始就直面别里科夫，对别里科夫进行整体感知。

孟：是的，整体感知人物形象，实际上就是对故事情节的一种把握。学生在读过文本之后，对别里科夫，头脑中一定会有一个模糊的印象，让学生把这种直观感觉表述出来，符合学生的认知规律，有助于学生对人物形象进行进一步挖掘探究。

杜：有道理。有了对别里科夫的整体感知，才能引导学生——品其典型语言，观其脸色变化，揣其内心世界，悟其立体性格。“这就好比一人远远而来，最初我们只看到他穿的是长衣或短褂，然后又看清了他是胖是瘦，然后又看清了他是方脸或圆脸，最后这才看清了他的眉目乃至声音笑容：这时候，我们算把他全部看清了。”（茅盾《谈〈水浒〉的人物和性格》）

孟：是的。在整体感知之后，我就从抓人物典型特征入手，让学生细细品味人物的个性化语言，揣摩人物面色变化后的心理活动，充分了解别里科夫的性格特点。

杜：解读人物形象，要抓住三个典型——典型特征、典型细节、典型环境。我觉得，在抓人物典型特征方面，你做得还是不错的。黑格尔认为，人物“性格的特殊性中应该有一个主要的方面作为统治方面”，它就是能“把一切都融贯成为一个整体的那种深入渗透到一切的个性”。你能抓住别里科夫这一形象的经典语言——“千万别闹出什么乱子”——进行解读，让人如闻其声，如见其人，可以说是抓住了解读人物的关键。

孟：语言描写是塑造人物形象的一种重要方法，典型人物一般都会有典范性的语言，或者说是个性化的语言。言为心声，什么人说什么话；听其声则知其人。听到“一个人并不是生来要被打败的，你尽可以把他消灭掉，可就是打不败他”，我们就知道这是桑迪亚哥老人；听到“你以为我贫穷、相貌平平就没有感情吗？我向你起誓，如果上帝赋予我财富和美貌，我会让你无法离开我，就像我现在无法离开你一样。虽然上帝没有这么做，可我们在精神上依然是平等的”，我们就知道这是简·爱；听到“这世界太不像话了，儿子老是打老子”，我们就知道这是阿Q。

杜：个性化的人物必然有个性化的语言。你让学生反复品读“千万别闹出什么乱子”这句话，让人看到了别里科夫胆怯多疑、极力维护现行秩序的性格特点，这是很好的，但我觉得还不够！典型人物必然有其个性化的语言，也必然有其个性化的脸谱，像我们说起成龙，必然会想到他的大鼻子，说起陈佩斯，必然要想到他的光头，说到严顺开，必然会想到他的小眼睛，在解读典型语言的基础上，如果能进一步对人物的外部典型特征进行研读品味，可能更有助于学生理解别里科夫这一形象。

孟：我考虑到了这一点。在研读完人物语言后，我引导学生重点揣摩了别里科夫的脸色变化，让学生体会随着事情的发展变化，别里科夫的心理产生了怎样的变化。

杜：与其说这是对人物面色变化的解读，不如说这是对小说情节的解读。我觉得，在解读人物典型特征方面，抓住别里科夫的“雨鞋”“雨伞”可能更好。小说中有六次提到别里科夫的“雨鞋”“雨伞”，因此，读过这篇小说，除了那句“千万别闹出什么乱子”，别里科夫留给我们的印象也许就只有“雨鞋”“雨伞”了——小说中的插图也充分体现了这一点。如果能引导学生对别里科夫这一典型外貌进行分析，可能更有助于学生了解别里科夫的性格特点。作者在文中反复提到“雨鞋”“雨伞”，无非是要告诉人们，除了封闭守旧，别里科夫与这个时代是格格不入的，特别是与新思想、新事物格格不入。

孟：我当时也考虑到了，但由于课堂时间所限，就没有设计这一点。

杜：是的，教学设计要考虑课堂容量和课堂时限，研读人物形象，只要能抓住人物某一典型特征就好。以上，我们谈了人物形象的典型特征问题，下面我们谈谈典型细节问题。你觉得在解读别里科夫这一人物形象时，注重对典型细节进行挖掘了吗？

孟：细节构成情节，人物形象均需借助真实的细节加以表现，细节不“细”，人物形象就会流于空泛、抽象，缺乏丰满的血肉。因此，在解读别里科夫时，我注重了对细节的挖掘。让学生重点研读别里科夫见到华连卡姐弟骑自行车时的情景，认真观察别里科夫脸色的变化。

杜：是的，这就是对典型细节的把握。

孟：在解读别里科夫时，我注重了和环境的联系，知人论世嘛！因此，我设计了这样一个问题——如何看待别里科夫的死？别里科夫是“自杀”，还是“他杀”？目的就是通过争论，深层次地挖掘现实环境问题，正确理解别里科夫这一形象的社会意义。

杜：这就是我们谈到的分析人物形象的第三个方面的问题——抓典型环境。典型环境是对现实关系真实风貌以及人物生活环境的真实反映，它既包括特定历史时期社会现实关系总情势的大环境，也包括由这种历史环境所形成的个人生活的具体环境。一定的环境形成一定的性格，一定的性格只能在一定的环境中出现。知人论世，分析人物形象离不开典型环境。

孟：学生对于别里科夫的死争论得很激烈，有的说他死于他杀——以柯瓦连科姐弟为代表的新生力量让他无处容身，有的说他死于自杀——他是沙皇极端专制主义制度的殉葬品；有的同学表现出了对别里科夫的极端痛恶，也有的同学表现出了一点点同情。

杜：这就达到了解读文学作品形象的最高境界了。设置触发点，引导学生有效地对人物生活的环境、时代进行思考，进而领会人物形象丰富深厚的性格内涵，这是你这堂课设计得最为鲜明的一个亮点。谈到知人论世，我想多说几句，解读人物形象要和现实环境结合起来，你是怎样理解现实环境的，或者说是典型环境的？

孟：我理解的典型环境就是小说所反映的时代、历史及社会情况。

杜：略显片面。对典型环境的理解，不能仅仅笼统地停留在时代特征上，还要考虑人际环境、文化环境，这样指导学生挖掘人物形象内涵才有力度和深度。我的理解是：解读人物形象，一定要和时代环境结合起来，要和人际环境结合起来，要和文化环境结合起来。

孟：时代环境好理解，就是把握人物形象生活的社会环境。极端反动保守的沙皇专制统治造就了别里可夫的多疑守旧、僵化顽固，所以，别里科夫这一人物形象打上了鲜明的时代烙印。但如何理解人际环境和文化环境呢？

杜：先说人际环境。人生活在一个时代中，更生活在人际关系中。别里科夫生活在小城中，生活在一个学校中，生活在和华连卡差点结婚的闹剧中，把别里科夫放到和这些人的关系中去解读，可能就更能看清别里科夫的庐山真面目。例如，柯瓦连科就曾有一段独白（在未删节文本中），他很看不中别里科夫。“不明白你们怎么能容忍这个爱告密的家伙，这个卑鄙的小人。哎呀，先生们，你们怎么能在这儿生活！你们这里的空气污浊，能把人活活憋死。难道你们是教育家、师长？不，你们是一群官吏，你们这里不是科学的殿堂，而是城市警察局，有一股酸臭味，跟警察亭子里一样。不，诸位同事，我再跟你们待上一阵，不久就回到自己的田庄去。我宁愿在那里捉捉虾，教小俄罗斯的孩子们读书认字。我一定要走，你们跟你们的犹大就留在这里吧，叫他见鬼去。”我们看这段话，看柯瓦连科的态度，就能看到别里科夫不仅是顽固守旧、胆怯多疑的人，他还是个善于告密的人。如果说他的悲剧是性格悲剧的话，那么他乐于告密，就表现了他人格的卑鄙。他对自己的无耻行为总是振振有词："为了避免我们的谈话被人家误解以致闹出什么乱子起见，我得把我们的谈话内容报告校长——把大意说明一下。我不能不这样做。"他从思想上的保守僵化已经堕落到行为上的卑劣了。

孟：是的，把人物形象放到人际关系中去解读，形象内涵确实会更丰富一些，在这点上，我的设计还是有所欠缺的。

杜：再说文化环境。"凡是文学作品中的典型，总是通过丰富多彩的性格刻画体现了一定的思想深度和一定的历史内容"，从而饱含丰厚的文化内涵，这是说人物形象的社会意义，或者说思想意义，或者说是文化意义。解读人物形象，一定要把人物的这种社会文化内涵挖掘出来，这一点，你做得不错。

孟：我充分考虑到了别里科夫这一"套中人"的形象意义，所以设计了"让学生如何看待生活中的套子"这个问题。

杜：实际上，解读人物形象，除注重典型特征、典型细节以及典型环境外，还要考虑人的自然性。我们很多时候考虑的多是人的社会性，人物的脸谱化，但现实中的人并非如此。就拿别里科夫来说，他顽固保守、胆怯多疑，处处维护反动统治，以一人之力辖制学校乃至小城整整十五年，固然可恨可憎，但换个角度思考，除性格悲剧外，别里科夫的这种性格是谁造成的，可以说是专制制度毒化了他的思想、心灵，使他惧怕一切变革，顽固僵化。结婚的闹剧让人看到了别里科夫顽固守旧的一面，但我们能否看到他想走出"套子"的一面？应该说，他既是沙皇专制制度的维护者，也是受害者。

孟：您的意思我明白，就是解读人物形象，千万不要贴标签，不要脸谱化，不要扁平化。

杜：是的，解读人物形象，要抓住小说文本的特点，和典型特征、典型细节、典型环境联系起来，不预设，不定性，让学生充分解读，认真体味，让一个立体丰满的人物形象完整地站立在学生面前。

专家点评

解读小说人物形象的优秀范例

山东省临沂市兰山区教研室　郭士丰

老舍先生说过："一篇好的小说，人物形象是立在读者面前的。"这当是小说创作者追求的最高目标。而作为文本解读者，如何引导学生感受到这种站立的或者说是立体感较强的人物形象，应该是小说阅读所要重点解决的问题。在这方面，孟老师的《装在套子里的人》的教学设计给我们提供了很好的示范。那就是，立足文本，瞄准细节；把握特征，深挖内涵；走出预设，注重生成；知人论世，联系环境。

解读人物形象首要的是立足文本，瞄准细节。小说主要通过故事情节塑造人物形象，情节总是服务于人物的塑造，是人物性格形成、发展和变化的母体和依托。因此，分析人物形象，不能离开情节，不能离开文本，尤其不能离开小说描写的细节。细节是构成文学作品整体的基本要素，是文学作品刻画人物、展开情节、构成环境的最基本的组成单位，尤其是人物形象必须在细节描写中塑造完成，李准说过："真实的细节描写是塑造人物，达到典型化的重要手段。"我们很多学生在回答人物形象的特点时，脱离文本，脱离情节，天马行空，漫说一气，随心所欲，无凭无据，这与我们教师平常的引导有关系。因此，解读人物形象，一定要引导学生关注情节，把握细节，看情节发展是如何体现人物性格的，看情节结构是如何深化人物内涵的，看细节设计是如何成就人物典型的。要引导学生从文本中走进走出，多走几个来回。孟老师讲《装在套子里的人》，就重视了文本，很好地抓住了别里科夫脸色变化这一细节，从漫画事件的"脸色发青"，到骑车事件的"脸色发白"，再到冲突事件的"脸色苍白"，别里科夫顽固守旧、畏惧变革的性格特点跃然纸上，旧秩序卫道士的形象也就昭然若揭了。

解读人物形象还要把握人物特征，深挖形象内涵。典型人物都具有典型性格，典型性格往往都表现为个性言行。人物的性格和人物的言行是统一的，什么样的性格决定什么样的行为，不同性格的人物都有自己独特的语言习惯，因此，从人物的典型言语行动入手，不难把握人物形象的性格特征。例如，抓住"除《四书》外，杜撰的太多，偏只我是杜撰不成"这句话，就抓住了贾宝玉的叛逆性格；抓住"我真傻，真的"这句话，就抓住了祥林嫂麻木的性格；抓住了"我们先前——比你阔的多啦！你算是什么东西"这句话，就抓住了阿 Q 的自欺欺人的性格；抓住"一个人并不是生来要被打败的，你尽可以把他消灭掉，可就是打不败他"这句话，就抓住了桑迪亚哥老人的硬汉子性格。孟老师在分析别里科夫这一人物形象时，就抓住了别里科夫的经典语言——“千万别闹出什么乱子”，把一个胆怯多疑、保守反动、畏惧变革的卫道士形象分析得淋漓尽致。这就是从人物的典型特征入手，把握人物的典型性格。

第三，解读人物形象要做到走出预设，注重生成。文学鉴赏中有句经典的话，叫作“一千个读者就有一千个哈姆雷特”。黑格尔在归纳《荷马史诗》中的人物性格特点时说：“每个人都是一个整体，本身就是一个世界，每个人都是一个完满的有生气的人，而不是某种孤立的性格特征的寓言式的抽象品。”由于文学作品人物形象的丰富性和多解性,不同的人对同一作品人物形象的理解是有差异的。因此,在教学中,教师要珍视学生独特的感受、体验和理解,敢于放手,开放性阅读，尽可能地为学生提供充分的思考空间，并有效运用各种策略引导学生表达自己的见解。教师要着重培养学生的创造性思维和发散性思维，让学生多元解读文学作品中的人物形象，从而深挖人物形象内涵,创造立体感、现实感都非常丰满鲜明的人物形象。孟老师在分析别里可夫形象特点时，就设计了“别里科夫是自杀还是他杀”这一问题。应该说，这一策略是非常有效的，课堂由静态走向动态，由引导走向开放，由预设走向生成，有效调动了学生对别里科夫性格特点的深层次挖掘，人物形象也就自然由单一走向丰富，由扁平走向圆满，由平面走向立体。

第四，解读人物形象要做到知人论世，分析环境。孟子在《万章》中说：“颂其诗，读其书，不知其人可乎？是以论其世也。”

于是后人就以“知人论世”谓要谈论作者所处的时代，才能了解作者。同样的道理，要想更好地理解文学作品中的人物形象特点，也要分析人物形象所处的环境。1888 年 4 月，恩格斯在致英国女作家玛·哈克奈斯的信中，首次提到了典型环境中的典型人物问题。环境是人物活动的舞台，是情节发生与展开的场所。成功的人物塑造都离不开成功的环境描写，成功的环境描写也为人物塑造发挥着不可替代的作用，有典型环境才有典型人物，有典型人物也必然有典型环境。在解读人物形象时，教师一定要引导学生解读人物生活的环境，要从时代特点、人际氛围、文化内涵等方面认真揣摩，仔细品味，揭露人物性格发展的必然成因，挖掘典型环境下人物的特定性格，同时还要让学生看到典型环境和典型人物性格的相互作用。沙皇专制统治下才有别里科夫的反动保守；同样，别里科夫的反动保守也影响了整个环境。他在思想上行动上把自己和沙皇反动专制统治联系在一起，压制着身边的人们，全城的人战战兢兢地生活了十年到十五年，“都怕他”，“他们不敢大声说话，不敢写信，不敢交朋友，不敢看书，不敢周济穷人，不敢教人念书写字”等等，别里科夫对环境的影响何其大哉！

解读人物形象是一个非常复杂的问题，“画虎画皮难画骨，知人知面不知心”，了解鲜活的现实人物尚且很难，何况文学作品中的人物形象呢？但是，只要我们能够立足文本，进出文本，正确把握人的自然本性和社会属性，进而站在和创作者相同的高度去解读人物形象，也许就能化难为易，读出真正的“哈姆雷特”来！

读书披文入“理”，品味丰满形象

——孟黎老师《装在套子里的人》听后有感

山东省平邑县教研室　陈　凯

临沂三中孟黎老师是近几年伴随新课程成长的山东高中语文教坛新星。2010年3月27—28日，在曲阜举行的全国中学语文课堂教学艺术观摩赛上，孟黎老师的《装在套子里的人》赢得与会专家的一致好评。

孟黎老师的课堂，传统思想与新课程理念共生，课堂预设与课堂生成并举，既较好体现传统语文教学的思想，以巧妙的问题设计引领学生读书，通过读书披文入理，贴近文本梳理文本内容；同时又较好落实“课程标准”精神，让课堂成为学生学习的舞台，展示师生思维的碰撞，展示学生的学习成果，展示学生对小说形象的个性化解读，对小说类文本课堂教学的尝试极具推广价值。现将本人听课观感，求教大方之家。

一、领学生读书，读书披文入“理”

传统的语文教学都注重学生的读书，在很多老师的课堂上也都有读书环节的设计，但大都浮于表象，我们常常思考：语文课堂读书的目的是什么？篇幅较长的小说类文本如何引导学生读书？

孟黎老师引领学生读书基本做到了“披文入理”，就是通过“自读—解读—品读—悟读”几个环节，引领学生读书，让学生深入文本之“理”，走进文本。走进文本的阅读，孟黎老师意在引导学生通过“自读”阶段，让学生自行阅读，梳理小说故事情节，初步感知小说人物性格；在“解读”阶段，主要从语感培养的角度引领学生尝试不同的朗读，对小说人物描写的精要语段进行不同形式的朗读，获得语感的体验；“品读”主要从人物的内心深处着手，品味人物的心理活动，对人物形象获得更进一步的认识。这些读书活动，一遍遍不同层次的读书，使得人物形象在学生心目中逐渐由模糊变清晰，由清晰变深刻，由深刻变为学生对这一人物形象的自我解读，从而由对文本的“披文入理”“入乎其内”，又走出文本“出乎其外”。

到这里，我们可以看出孟黎老师的读书引领匠心独运。“自读”是初步的感知、情节的梳理:“解读”是语感的体验，人物的“初识”；“品读”是细处的揣摩；“悟读”是对人物形象的理解的深化。各种形式的读，引得学生既走进文本，挖得深挖得透，又能从文本中走出，引领学生的个性化解读，可谓“读得进来”，又“读得出去”，以读书为课堂学习的主要路径，展现语文学习的本色本真，体现课堂的活力和张力。

二、靠问题提挈文本，引学生思维渐入佳境

小说类文本一个很重要的问题是篇幅较长，我们如何在课堂上

做到既抓住重点，又能对文本有个整体的把握，上出课堂的实效？也就是篇幅较长的小说类文本如何做到长文短教？孟黎老师这节课做了很好的尝试，那就是靠问题的巧妙设计来提挈文本，靠问题来引领学生思维渐入佳境。

文本教学很重要的一点就是问题设计，教师备课的功夫体现于反复研读文本的基础上设计问题，并随着课堂环节的推进，以问题的适时投放不断激活学生的阅读研讨兴趣，在问题设计上孟黎老师展示出了课堂教学的功力。

课堂开始自然引出问题："老舍先生说过：'一篇好的小说，人物形象是立在读者面前的。'小说的阅读，首先是对人物形象的感知，继而才是对人物性格的把握。同学们读了这篇小说后，主人公别里科夫给你留下怎样的印象？"这一问题其实是引导学生通读文本并整体感知文本故事情节。

在"解读"环节，为了引导学生赏析文中的心理描写，文中有一句精彩描写——"千万别闹出什么乱子"，设计问题："他在不同场合重复的这一语言，表现了他怎样的心理？"由故事情节过渡到人物的描写，问题的设计推动课堂环节的展开。

特别是当学生的课堂注意力将要懈怠之际，又一次抛出问题："别里科夫在华连卡的笑声中倒下了，你怎样看待别里科夫的死？别里科夫的死是他杀还是自杀？"这一带有思维张力的问题的投放，不仅是课堂疑难问题的设计和探究，也是一支又一次激活学生思维的兴奋剂，在平静的课堂上投放一石头，所激起的是学生思维的浪花。围绕别里科夫之死，同学们纷纷到文本中寻找答案，纷纷谈出自己对问题的理解。

生甲：自杀。他封闭自己，生性多疑，自己的性格杀害了自己。

生乙：他杀。以柯瓦连科姐弟俩为代表的新生力量杀害了他。

生丙：他杀。腐朽、封闭、保守、僵化的思想杀害了他。

问题的适时投放催开了课堂上的思维之花。

对孟黎老师教学问题的设计之巧妙，教学问题的课堂之功能，我有以下几点认识：一是注重主问题设计，每一问题的设计是对文本核心问题的不同层面概括，较好地提挈文本内容；二是展示了小说类文本的重点；三是准确提出课堂上学生的困惑和思维误区。更带有教学智慧的做法是，每一问题的投放，孟老师都是抓住学生动态的学情，适时抓住教学的契机，以问题的投放激活学生思维。这就使得课堂上不断伸展学生的思维张力，学生发言是在阅读文本深入思考的基础上，孩子们虽然稚气，但仍带有思想的灵光，因为有孩子们智慧的灵光，才有高潮迭起的课堂，才有充满生机与活力的语文学习。

在我们慨叹学生越来越远离语文课堂的时候，在大家都在困惑语文课越来越失去学生热情的时候，我们每一位语文同人是否也能从孟老师课堂获得一些启示呢？问题的精心设计，善于抓住投放的时机，课堂高潮迭起、波澜顿生，这样经典课例源于执教者自己辛勤的付出和对语文教育事业的热爱。我觉得离开这样的理解，我们简直无法获得答案。

三、品味语言妙境，丰满小说形象

文学是语言的艺术，小说类文本教学任务就是通过对小说语言的反复揣摩，通过对语言的反复品味，依靠读者的理解，来不断丰满小说的人物形象。为什么说一千个读者会有一千个哈姆雷特，其实这就是说我们在阅读欣赏人物的时候，也是使小说人物形象不断臻于完善的过程，这就是文学理论所说的形象大于思想。

在小说类文本的课堂教学中，孟黎老师非常注重引导学生阅读和揣摩小说的语言，引导学生反复品味语言的妙境，抓住典型人物的典型语言进行揣摩体味，从语言的背后去触摸人物的内心世界。孟老师引导学生品味小说中对别里科夫语言的描绘。

“我们动身了，他脸色发青，比乌云还要沉。”

“他躺在被子底下，战战兢兢，深怕会出什么事，深怕小贼溜进来。他通宵做噩梦，到早晨我们一块儿到学校去的时候，他没精打采，脸色苍白。”

“讲到我姐姐和我骑自行车，这可不干别人的事。”柯瓦连科涨红了脸说，“谁要来管我的私事，就叫他滚！”别里科夫脸色苍白，站起来。

“他俩走远了，不见了。别里科夫脸色从发青变成发白。他站住，瞧着我……”

孟老师引导学生思考:“别里科夫的脸色发生了怎样的变化?（脸色发青—脸色发白—脸色苍白）”“脸色变化中揭示了别里科夫怎样的心理变化？”由语言的品味过渡到人物性格的赏析。语言的妙境不仅是对人物的描绘，也能使小说的形象在读者心中趋于完善。

如果说小说的教学仅是完成对小说人物的欣赏，也算是一堂课教学任务的完成，那孟黎老师课堂的深度还不止于此。在课堂即将结束的时候，孟老师又一次抛出问题：“我们回头再看文章的题目，你怎样理解题目中的‘套子’？还仅仅是雨衣、雨鞋以及别里科夫所教的古代语言吗？若不是，“套子”又是什么呢？”

生甲：不是。套子已经不是具体的事物，而是一种抽象化的思想。

生乙：不是，套子已经是保守、顽固、腐朽、专制、禁锢的思想或制度的代表。

学生已由对“套中人”的描写，自然过渡到对人物形象的意义的理解。

生丙：做事不能固守成规，要革新思想。

生丁：固守规矩固然重要，但生活中更要与时俱进，顺应历史潮流。

在学生进一步理解的基础上，孟黎老师作了本课精彩的总结：“顽固、保守，不仅仅是别里科夫反对新事物、反对进步的套子，也可能成为生活在今天的我们反对新事物、反对进步的套子。人是很容易满足的，满足于已经取得的点滴成绩，满足于眼下比较舒适安逸的生活，于是不再努力奋斗，不再积极进取，‘满足’便成了一种套子。不仅自己深受其害，而且还无情地嘲笑甚至阻止他人的进步，成为个人、社会前进的绊脚石。其实，在现实中，‘骄傲’是一种套子，‘虚荣’也是一种套子；‘嫉妒’是一种套子，‘自私’也是一种套子。我们只有根除自身的陋习，驱除心中的邪念，才可能摆脱‘套子’的束缚，走向灿烂辉煌的人生。”

至此，小说形象的赏析已经由对人物性格的赏析，过渡到对人物形象的现实意义的理解，课堂已经从文本走向了生活。

孟黎老师的这堂《装在套子里的人》给我们很多思考：课堂怎样长文短教？答曰：问题设计。课堂怎样调动学生的思维？答曰：问题的适时投放。课堂怎样落实阅读、思考、训练的实效？答曰：教师的充分备课、巧妙的问题设计、问题的适时投放。

纵观这堂课，由多种形式的读书切入，引领学生走进文本，又以语言的品味为抓手，引领学生从不同层面解读小说的形象，并将这一文学典型形象的现实意义与生活现象对接，从文本走向生活。让听课老师沉浸课堂，品味课堂，而又深思文学作品对学生思想、情感的浸润和影响。孟老师为小说类文本的课堂操作提供了经典的范例。

走进这样的课堂，看源自教材文本又回归生活的课堂，看师生酣畅淋漓展示的课堂，每一位听课人怎能不心生快意呢！

重回初中

2012年4月的一个周末，我和同事在潍坊参加高中语文教学研讨会。刚办完报到手续，庄汉进校长突然发来信息：“孟黎，速返校，有要事。”

何事这么紧急啊，容不得我学习结束？！

返程的路上，我想了很多：高考临近，会不会有什么重要的高考改革精神需要传达？会不会年级出了安全事故？……

尽管返程路上猜测了所有的可能，但都没找到很合理的答案。回到学校，走进校长办公室，我被庄校长一句“教体局领导要调你去第十一中学担任业务校长”惊呆了。

“这……怎么可能……这……这是咋回事？”我不敢相信自己的耳朵，紧张得语无伦次。“校长，我没干好吗？您怎么让我走啊？”我不解地问。

“局里的领导让我同你谈谈，看看你有什么想法。”庄校长坐在我身边，像兄长似的拉着我的手。

“临沂三中是我的家呀！”话一出口，无数的画面在我眼前闪过。我还记得，当我背着简单而又寒酸的行李从兰陵一中来到临沂三中时，她宽广的胸怀接纳了我；我还记得，当我工作中有了迈不过去的坎时，学校领导和诸位同人向我伸出了友爱的手；我还记得，当我们语文人醉心课改时，曾因意见相左争论得面红耳赤，也曾为收获成功相拥而泣。正因如此，我和同事们建立了深厚的感情。这份感情，永存心间，终生难忘。

想到这里，我缓了缓气，小心地对庄校长说：“校长，我对临沂三中的感情已经很深了，我真的舍不得离开临沂三中，您给局领导说说，让我继续留在三中工作吧。”

“我试试。”庄校长这么说。

后来知道，局里反馈回的信息是：“不想当校长的人一定是个好货，就让他去了，不再改变。”

服从组织安排是天职，我别无选择。

那时，临沂城区的教育教学质量东西部发展不均衡，有“东强西弱”之说。

当时的临沂十一中，其生源主要是附近批发城经商者或打工者的子女。学生家长多数忙于自己的生意，无暇顾及子女，导致整个学校生源质量不高。面对此类生源，教职工使出了浑身解数，也没能大幅度地提高教育教学质量。

恶性循环由此造成了。

望子成龙、望女成凤的学生家长求爷爷告奶奶地找关系，将子女转到临沂城东部的六中、九中、十中、十二中等学校。随着生源的流失，临沂十一中的教育教学质量每况愈下，社会声誉越来越差。

为了盘活临沂十一中，也是为了均衡城区教育的发展，更是为了给群众交一份满意的答卷，兰山区教体局多次调研，广泛听取意见，决定加强临沂十一中领导班子队伍建设，让兰山区职业中专的刘书君去担任校长，让我去担任业务校长。

那几日，我深夜难眠。

4 月 24 日，山东省中语会在临沂三中召开。在会上，我讲了一节全省的公开课《林教头风雪山神庙》。这是今年春天省教研室的计划，我想也是我高中生涯完美的结束吧，虽有遗憾，但还有向往。

得知我要到十一中担任业务校长的与会领导，在赞叹我这堂课的同时，纷纷惋惜我的去向："可惜了！咋这样安排人事？怎舍得让高中语文骨干到初中任职副校长呢？"

兰山区教体局崔局长闻听此言，哈哈大笑。他这样给与会领导和同人们解释道："把孟主任（当时任临沂三中政教副主任及高三年级副主任）留在临沂三中，他一人带两个班级的课，成就的是两个班级；安排到一所薄弱学校担任业务校长，成就的是一所学校啊，并有可能会影响周边学校的发展。"

听到崔局长的解释，与会的领导、同人们纷纷竖起了大拇指："高！实在是高！"

翻转
十一中

FAN ZHUAN SHI YI ZHONG

不眠之夜

服从组织分配，听从组织安排，这是我始终坚守的本分。尽管前途莫测、困难重重，但我仍要风雨兼程。

见我已做出了决定，庄校长和众教干为我和即将赴任沂河实验学校的闫海辑校长一并举行了简朴而隆重的欢送会。

眼含热泪挥手告别成就了我的临沂三中，挥手告别和我在同一战壕里打拼的众位挚友，我信步走回了家。

在临沂十一中工作的爱人傍晚才回家，她早已得知我赴任临沂十一中业务校长的消息。

晚饭过后，稍事休息，辅导女儿完成作业，我就上床休息了。报到的日子快到了，我必须养精蓄锐，以十足的精神面貌迎接新的挑战，以优异的成绩回报领导对我的信任，回报学生家长及社会各界对我的期待。

正这么想着呢，爱人悄悄坐在床边："没得选择了吗？"声音低得只有我能听见。

"我已经决定了！"

"唉……"爱人长出了一口气，"你可知道十一中的现状？"

"领导都叮嘱我了。"

"你只知其一，不知其二。"爱人向我敞开了心扉，"你是知道的，有些是临沂十一中的位置决定的。这几年哪，临沂十一中附近的批发城，用雨后春笋形容一点也不为过。外来人口的剧增，导致其子女就近入学的也是越来越多。临沂十一中前期的投入又是那么不足，部分班级的学生人数有八十多呢。学生基数大，学生的基础和个性差异就大。这样的大班额，你说，老师们要如何面向全体学生施教？学生又怎能全面参与课堂学习啊？再说了，老师要想进行个性化辅导，又如何进行呢？这就是临沂十一中中考成绩一直不理想，长期在低位徘徊的主要原因。"

听爱人这么一说，我对十一中的认识更加清晰了。

"还有啊，学校大多数老师的教学方法还是比较陈旧的。课堂上，'填鸭式''满堂灌'，课后作业写到半夜，久而久之，学生就厌学了。"

原来如此，我轻叹一口气，躺在床上，陷入了深深的思虑之中。

"任何事情都是有两面性的，'天若无霜雪，青松不如草；地若无山川，何人重平道'，目前的十一中于我来说也不一定是坏事。"我这样向爱人表态。

"我告诉你这些就是让你心里有准备，去之前有个规划。"爱人急切地说。

“局领导已经告诉我了，兰山职业中专学校的工会主席刘书君来临沂十一中当校长，我和他搭班子，你放心就是，我一定服从刘校长的领导。”

“就这些？”爱人紧追不舍。

“不！”我说得斩钉截铁，“鉴于目前临沂十一中的现状，提振师生员工的士气是首要任务；其次，要用课堂改革改变老师们的执教思想，提高教学质量。唯有如此，别无他策。”

“想把十一中管理好，把十一中的教育教学质量提上去，难啊！实在难啊！”爱人自言自语。

“别怕，”我轻轻拍着她的肩膀说，“没什么大不了的。要知道，唐僧西天取经，历经九九八十一难，都取回来了真经呢。我们这点困难，算啥呀。”

……

这一夜，我和爱人都没有合眼，你一言我一语聊了个通宵。

转眼就到了4月28日，一大早，我就赶到了临沂十一中。

早我一步走进临沂十一中的新任校长刘书君几步跨到我面前：“孟校长，我们终于见面了。”

两双要搭班子唱戏的手，紧紧地握在了一起。

并肩走进办公室，我们相向坐在沙发上，沉默了。

是啊，我和刘校长从未谋过面，这心里的话，要从何说起呢。

“刘校长，您有领导经历，于我而言，业务校长是个崭新的岗位，您多多指教。”我率先打破了沉默。

刘校长是一个有格局的好校长。他向前微微探了一下身，左手托着下颌，神情特别凝重：“孟校长，咱俩压力山大啊！”

这样说着，刘校长的目光探寻似的投向我，向我敞开了心扉：“临沂十一中目前所处的尴尬局面，的确有其外部因素，但也有不可忽视的内部原因。”

听他这么一说，我心更坦然了：看来，来报到前，刘校长也做了深入的调研。

他接着告诉我：“教体局领导让咱俩来十一中搭班子，就是要咱俩齐心协力，拧成一股绳，带领全校师生蹚出一条振兴十一中的新路子来，给社会交一份合格的答卷。”

面对这样的好领导，我没有理由不敞开心扉啊！

我真诚地对刘校长说：“刘校长，我一定在您的领导下，一心一意抓教学，这是教体局领导给我的任务，更是我的义务和责任，您放心就是。”

见我的心态摆得这么正，刘校长站起身来，将目光投向了窗外，像是喃喃自语，又像是征求我的意见，深沉地说：“对临沂十一中，社会关注度不高、学生家长不认可、学生择校不积极，一连串的难题摆在我们面前，需要我们勇敢面对，更需要我们逐一克服，争取尽快改变现状。就像你说的，这是我们的义务，更是我们的责任！”

达成了共识，就要探寻改变现状的突破口。

基于这一认识，我试探着问刘校长：“我们的切入点在哪里，我们的突破口在哪里呢？”

“谈谈你的看法吧。”刘校长转过身来对我说，“教体局领导公布了我的任命，跟我谈过话后，我天天都在考虑这个问题。这几天，我没睡一个囫囵觉啊！”

我心里一阵感动！

原来，我们“患难与共”啊。

“恶性循环，惯性使然。久而久之，老师们被磨去了棱角，失去了斗志，形成了当一天和尚撞一天钟的心态。由此可见，激发老师们的斗志，提振老师们的信心乃是当务之急！”我敞开心扉，一吐为快。

“我们想到一起了。”刘校长将我的手攥得更紧了。

“如何提振老师们的信心呢？”刘校长是个急性子。

“办法总比困难多！”我满怀信心地向刘校长表态。

研讨会点燃激情

“我们就从学科教研活动开始吧。”我向刘校长建议。

“好办法！”刘校长喜笑颜开。

大幅度提高十一中的教育教学质量、提升十一中社会影响力的序幕就这样拉开了——

我数次跑到市教育局教研室和兰山区教体局教研室说明来意，寻求支持与帮助，恳求领导在我校召开市区级的各学科研讨会。教研室的领导被我的执着感动了，给予了我们极大的支持。

我们新班子上任后，各学科市区级研讨会，半个学期就召开了九次。

研讨会前，我们将临沂十一中历年取得的成绩做成图文并茂的精美展板，立于校园内道路两侧及办公楼和教学楼的一楼大厅里。部分女教师身穿正装，肩披红绸带站立于展板前，欢迎莅临十一中的各级领导和老师来指导工作，向客人们展示临沂十一中教师崭新的精神风貌。

前来参加研讨会的领导和老师们被震撼了，纷纷赞叹这红绸带是临沂十一中一道靓丽的风景。

每次研讨会都很隆重，给深居简出的老师们掀起了头脑风暴，让他们真正体会到了“山外有山，人外有人”的内涵。

数次研讨会之后，老师们感受到了我们新班子让临沂十一中大发展的雄心壮志，纷纷感慨不已。

有的老师说：“人家介绍的经验，都是咋积累的呢？我咋没有这样的积累呢？”

“唉，”有的老师随声附和道，“胳肢窝的舒坦日子咱过惯了，咱从来没往这方面努力啊！”

“是，”有的老师补充说，“你细琢磨琢磨，人家的展示课讲得太好了，咱和人家差远了。”

“你还别说，人家比我们还年轻，咋就成了名师呢？”有的老师这样感慨。

……

研讨会的作用到底有多大，能让老师们发出这么多感慨？

窥一斑而知全豹，以 2012 年 9 月 24 至 25 日，由临沂市教育局教育科学研究中心主办，兰山区教体局教研室、临沂第十一中学承办的“临沂市初中语文教学研讨会”为例，就能找到答案了。

这次研讨会，来自全市的七位初中语文教学能手分享了他们的典型发言，三位教学能手分享了他们的交流材料，三位教学能手展示了他们的公开课。

研讨会后，几位老师围着我："孟校长，不和人家比不知道我们的差距，现在我们需要的不只是理念的改变，需要提升转变的太多了。"

"五年了。"有的老师感慨颇深，"我们学校五年没有学科研讨会了，老师们也很少外出参加研讨。孟校长，您和刘校长的思路是正确的。跟着你们干，我们有信心。"

……

这把研讨会的星星之火，已经点燃了老师们求变的激情大火。

敲定小组合作学习

在各学科研讨会紧锣密鼓进行的同时，我马不停蹄地走进课堂展开了调研。

真应了那句“不看不知道，一看吓一跳”的老话。课堂里老师们很卖力，但“填鸭式”“满堂灌”导致了课堂气氛特别沉闷：学生昏昏欲睡者有之，搞小动作者有之，交头接耳者有之……

眼里看到的现状和五一假期调研的信息出奇地一致。

变！

不变绝无出路！

“刘校长，改吧。不改，临沂十一中永远在低质低效的泥潭里挣扎。”

“是啊，我和你一样，这些日子我也是天天在课堂里转悠。不改，临沂十一中绝无出路。”

“是的,《周易》中有这么一句话:‘穷则变,变则通,通则久。’目前学校教学质量已经处于低谷，再差还能差到哪里去？只要我们下决心变，就一定会有所改观。”

“我也是这么想的。”刘校长低头沉思起来，“我们从哪里找突破口呢？”

我接着给刘校长分析：我们要根据学校的实际情况，找准问题的焦点，再寻求解决办法。目前学生的学习成绩参差不齐，这是客观现实。优等生占比不高，学困生一抓一大把。如果充分调动少数优等生的学习积极性，让优等生带动学困生，实施有差异的学生共同提高，最终就可能实现教学质量大幅度地提高。

而解决这一问题的办法只有“小组合作学习”。

小组合作学习起源于美国。

19世纪早期，美国的一些学者和教师就参与探究和应用了“小组合作学习”。比如，杜威先生创办的芝加哥实验学校就运用了小组合作学习这一崭新的教学模式。20世纪七八十年代，对小组合作学习的研究和应用已呈风起云涌之势。由于其能有效地培养学生合作探究的意识和能力，大幅度地提高教育教学质量，小组合作学习引起了世界各地的广泛关注和探究应用，被誉为“近十几年来最重要和最成功的教学改革”。

虽然好多教育同人或多或少、或早或晚地使用合作学习的理念，提升了教育教学的质量，但实践证明，不同的人操作的方法不一样，所得到的效果也是不一样。不管怎样，所有的实验均证明了小组合作学习的科学性和先进性。

为此，我和刘校长商量："为了稳妥起见，我们先从初一、初二各选择两个班级进行小组合作学习实验，其他班级作为对比班，看看一学期后的效果如何，效果好就在全校推广。"

"让谁担此重任呢？"刘校长迫不及待地问。

"我看初一的魏元杰、王媛媛老师和初二的范自成、石绍乾老师可以。四位老师从教多年，积累了丰富的教学经验，由他们担此大任再合适不过了。"我向刘校长表态道，"这几天，我把体现我校特色的小组合作学习的理论支撑、方法路径及评价策略的初稿拿出来，我们再和这四位老师进行交流，然后就开始课改实验，如何？"

刘校长激动地说："好啊，咱们静待花开。"

小组合作三部曲

熬了几个通宵，我拿出了“小组合作学习的创建、小组合作的流程及小组合作的评价策略”的初稿，并将其称之为“三部曲”。

刘校长一一翻阅：“孟校长，这可是改革的关键，咱这就召集四位老师好好学习。”小会议室里，魏元杰、王媛媛、范自成、石绍乾四位老师如约而至，翻看着凝聚了我心血的《合作学习小组的创建》《合作学习课堂流程》《合作学习的评价》。

以“合作学习三部曲”为抓手，我和四位老师认真研讨教学中需要注意的细节，以“先学后教，以学定教”为基本指导思想，认真研究班级教师和学生情况，制订合作学习详细推进计划。

那些日子，我几乎天天蹲在四位教师的课堂里。遇到问题，我和他们共同分析，寻找解决问题的方法；获得进步，我们畅所欲言，分享喜悦。

一个学期，围绕小组合作学习，我们完全把教室当办公室，把办公室当宿舍。教室、宿舍、学生、课堂成了我们生活工作的全部。一个学期，我们四位教师先后上了无数次的研讨课、公开课、示范课、引领课……

与此同时，我也组织召开了好多次的家长会、学生会、教师会……

所有的努力就为了一个目标——推进小组合作学习改革的实验。我们相信付出就有回报，坚持就有收获。

终于到了期末检测，实验班的成绩和对比班的成绩相比，合格率、平均分、优秀率三项指标都有明显的提高。这仅仅是尝试了一个学期啊！

实践是最好的试金石。

实验获得了圆满成功。受此鼓舞，这年暑假，我将《合作学习小组的创建》《合作学习课堂流程》《合作学习的评价》进行了修订，丰富和发展了内容。

《合作学习小组的创建》

一、科学分组

组建原则：组内异质，组间同质。

1. 科学划分，六人一组，学习成绩均衡，分为 1–6 号六层，便于各小组公平竞争。

2. 合理搭配，让不同智力水平、思维方式、兴趣特长的学生成为小组成员，达到能力互补，性别互补，性格互补。

3. 都有小组名称、活动口号、组徽、组牌。

4. 组员有相对固定的职务：1号组长、2号组长、纪律组长、课桌管理员、学科组长。

5. 组内结对：1—6，2—5，3—4，合理安排座位。

6. 组内帮扶：1号帮扶6号，2号帮扶5号；2号带领4号、5号在解决问题中达成对学习内容的理解、总结；1号带领3号、6号，对学习内容进行理解、查漏补缺、拓展延伸、反馈解说。

7. 板书、展示、点评等可以轮流进行，组长做好安排和指导。

二、合作学习小组文化建设

1. 创建组名

各学习小组根据自己的特点，创设富有个性、积极向上、朝气蓬勃的组名，使本学习小组组员间相互鼓励、奋发向上、团结协作。

2. 确立组训

学习小组成员通过讨论选择名言、警句或者格言，形成自己的组训，以便激发学习小组的进取心、凝聚力。

例如：试试就能行，争争就能赢；挑战自我，团结第一；行动，才有收获；坚持，才有奇迹等。

3. 制作组徽

根据各个小组的情况，可以制作出体现小组个性的组徽。例如，有绘画创作特长的小组可以尝试制作学习小组标志牌，放在本组桌面上，时刻警醒、激励团队永远向前。

4. 确定目标

小组讨论后，制定本学习小组周、月奋斗目标。在遵规守纪、行为习惯、预习效果、课堂展示、学业成绩等方面要达到什么目标，在班级的所有团队中要达到什么水平，目标清晰，人人明确。

5. 制定公约

每个组要制定本组公约。公约必须结合本组实际，起到规范组员行为的作用。

6. 合理分工

（1）学习组长：负责本组的全面工作，组织协调组间、组员、师生关系。

①小组长要团结同学，帮助同学，组织同学，打造积极向上的小组学习团队，勇敢地担当起学习小组的学习领袖角色；

②小组长要及时检查小组成员课堂学习情况和每天学习内容的落实情况，学习内容堂堂清，日日清，周周清，月月清；

③小组长要建立起针对每个小组成员学习态度、学习效果的评价制度，每周公布、总结一次，以督促小组成员不断反思，不断进步；

④小组长要组织小组成员认真开展自主自习；

⑤小组长要负责维持本组同学的学习纪律，检查成长日记、学习档案等。

（2）副组长：负责本组学习、行为规范、卫生纪律登记、督促、上传下达工作。

（3）纪律组长：负责小组纪律，保证同学学习自主认真，讨论不偏题，不抄作业，自习不讲话。

《合作学习课堂流程》

一、合作学习

1. 交流讨论

（1）基本规范

①一般按照3–2–1分层的顺序，依次发言；

②自由发言：有序发言结束后，还有组员需要发言，转入自由发言甚至争辩阶段。

（2）基本要求

①在发言过程中，后面发言的同学要对前面同学的发言进行评价、纠错、补充、质疑，发表新见解；

②此环节可以站立发言、交流；

③语言规范，使用普通话。

2. 归纳整理

（1）基本规范

①小组成员对交流探究信息重新梳理，归纳整理，形成小组结论。

②得出结论后，小组不要马上终止合作，组长还要组织质疑。对于组内不能解决的问题，待环节结束时向其他小组或老师求助。

（2）基本要求

①用学科语言规范记录或表达，可以使用关键词、图表、条文等。

②组内商定展示方式。

3. 语言模板

（1）组长的开场话语指引：

①请看这个问题，我们讨论一下，看看能从哪几个方面来解答，把你的想法说给大家听。

②我们组的任务是……现在请大家围绕这一问题从不同角度谈谈自己的看法。

③下面我们根据昨天利用任务单自学的情况进行交流……

④某某（6号）你先说；

⑤谁还有其他观点？

⑥谁还有别的意见？

⑦我们小组的结论是……

⑧谁还有疑问？

（2）组员的发言话语指引：

①组长我先说吧……

我发现了……（学生交流先学时发现和学懂的内容，数学可以从以下方面汇报：数字、算式、单位的意义和推导过程等。）

我读懂了……（学生汇报先学时发现和读懂的内容，语文可以从以下方面汇报：字词特点、内容、中心思想、修辞、关键词句、中心句、含义深刻句、特别句式、标点符号、写作方法、文章结构……）

②我认为他说得很有道理，不过我还有一些补充……

③我认为……

④我有不同见解，我认为……

⑤我给 ×× 同学的答案进行补充……

⑥我觉得还可以这样理解……

⑦我质疑……我想问……我有一个问题不明白……谁能告诉我……

⑧我补充一下，我还知道……（借助资料，课外拓展，链接名言警句、小故事、文章、作者、人物、图片、背景、推荐书籍、其他相关学科知识……）

⑨我会读……（选择自己喜欢的段落，有感情地朗读或表演，在书上做朗读批注。）

（3）组员的小结话语指引：

①大家说得都很好，那么咱们组对于这个问题的解答是这样的……

②经过大家的交流，我来把此题的答案总结一下……大家还有没有补充或是疑问？

4. 教师要求

（1）不随意打扰学生的讨论，适时适当参与讨论。

（2）认真观察，把握学情。

①观察各小组是否按照基本流程规范运作，各小组长组织得怎么样。

②观察哪些小组或组员完成任务又好又快，并及时评价；哪些小组学习过程或结果有问题。

（3）及时调控展示与评价。根据学情及时调整既定展示评价方案，做到既暴露问题，又分享精彩。

5. 注意事项

（1）合作什么？通过下发的任务单，组内各成员要独立完成自学，对学习中一些不懂的、模糊的知识点用红色笔标记出来，然后组内 33、22、11 三层对应进行一对一的讨论，解决该层次能力范围内能够处理的问题，进而把疑难问题向上一层级组员请教，普遍性问题组内集体讨论解决。

（2）什么时候开始合作？一是时限内，小组成员都举手示意后，小组长及时组织组员进入合作学习；二是时限到，个别组员还未完全完成独学任务，小组长要求个别组员终止独学，转入合作学习；三是时限到，本组还有多人未完成独学任务，小组长则需要耐心等待一会儿，待多数都完成独学任务后，再转入交流；四是因为本组速度太慢，严重影响全班进度，小组长需要及时终止独学，进入合作学习，并告诫组员在后面的环节要加快速度；五是时限到，多数小组未完成独学任务，教师要延长独学时间。

（3）哪些情况可不按上述流程进行合作？一是难度较大的或需要引领示范类的，可先从 1 号或 2 号或学科组长开始合作；二是纠错帮扶类合作，可以通过1号、2号检查讲解帮扶完成；三是答案唯一的，发言刚到3号或2号，小组成员已经达成共识的可提前结束合作；四是其他特殊情形。

二、展示评价

1. 小组展示

（1）基本规范

①位置可以是站在原位、讲台（与黑板成45°）等；

②姿态端正、面向同伴、适当运用肢体语言；

③声音响亮、语言简洁、条理性强。

（2）基本要求

①在课堂上，小组讨论结束后，由任课教师分配任务给各小组。接到展示任务的小组积极做好准备，由学习组长指定组内一名组员进行展示（主要由2、3层学生展示，以2层学生为主）；

②小组主要展示合作探究结果，讲解重点、难点、疑点和相关注意事项，并作必要的拓展和总结；

③展示时尽量做到脱稿或半脱稿，板书迅速工整规范；

④如果某一小组无法完成展示任务，则让出其展示机会，其他小组进行补充展示；有一题多解的情况，鼓励其他组申请同时展示。

2. 倾听评价

（1）基本规范

①倾听：眼睛注视发言者，记住别人的发言要点，边听边思考，准备提问、质疑或评价。

②评价：前一个展示者即将结束展示时，有评价展示挑战意愿的学生迅速举手示意或是由老师指定某一小组点评；评价一般采用1+1（讲解亮点 + 纠错或补充或建议）。

（2）基本要求

①认真倾听展示内容，不插嘴、不私下议论；

②质疑补充时要有抢有让、简明扼要；

③积极参与评价，不做重复、无意义的评价。

3. 语言模板

（1）展示开场话语指引：

①大家好，我是 ×× 组 × 号，我们要展示的问题是……（或我们来汇报一下……）；

②（展示问题）接下来请我们组的成员为大家讲解；

③大家好，我们是 × 小组，我们展示的题目是……请同学们给我们补充；

④现在由我们 ×× 组进行展示……

⑤今天我们要展示的内容是……

（2）展示过程中话语指引：

①我们小组的观点是……

②我解题的思路是……

③应注意的问题、解题的方法、规律

④我的收获感悟……

（3）展示结束话语指引：

①我的讲解完毕，同学们还有什么补充或疑问吗？

②我的讲解完毕，同学们还有其他方法吗？

③我的讲解完毕，老师还有什么补充吗？

④谢谢……

（4）评价开场话语指引：

①大家好，我是 ×× 组 × 号，我要点评的是刚才 ×× 组的展示……

（5）评价结束话语指引：

①我的点评完毕，同学们还有什么补充或疑问吗？

②我的点评完毕，同学们还有其他方法吗？

③我的点评完毕，老师还有什么补充吗？

④谢谢……

4. 教师要求

（1）指导学生扮演好展示三角色（演员、评委、主持人），不重复学生的话，不抢学生三种话语权（评价权、展示权、主持权）；

（2）认真倾听学生的发言与评价，通过及时质疑、追问、点拨、回放等方法，引导学生相互纠错纠偏，助推竞相展示；

（3）通过简明透彻的讲解，拓宽学生视野，激活学生思维，提升学生能力；

（4）指导学生自我纠错纠偏，博采众长，小结经验与注意事项，做好反思整理；

（5）及时有效地进行阶段性评价，刺激学习热情，调整学习状态。

5. 注意事项

（1）展示者的确定。第一展示人选如何产生？可以是最先举手的小组或组员，可以是此环节有进步的小组或组员，可以是教师巡视时发现有问题的小组或组员等。确定方式可以多样化，但最好选取有某种代表性的小组或组员最先发言。

（2）谁点评？点评什么？点评主要由 1 层学生负责完成。点评的学生先对展示的内容进行判断，判断其观点、结论或答案是对是错、完整与否，然后讲解其展示的思路，在点评的过程中同步做出总结和补充，总结规律和方法，补充不完善的环节或其他解法，也可评价展示者的展示规范、技能、效果等，然后征询其他小组或老师的意见，完成点评工作。

《合作学习的评价》

小组合作学习要取得理想效果，就必须确立一种促进学生在小组集体中不仅要个人努力上进还要乐于与同学互助合作的良性制约机制。对小组合作学习的合理评价不仅能增强学生的合作意识，而且能尽快提高他们的合作技能。

一、评价原则

多元化，公平、公正、激励。

评价主体应由个体转变为集体，这样便于形成“组内成员合作，组间成员竞争”的格局，同时也能增强学生的集体荣誉感。比如，学生的课前准备、自习课、集会、课间操、眼操、校服、值日、作业、成绩等，在组内以个人为单位由组长优者加分，违纪者扣分；但在全班范围内，则以小组为单位加分扣分。

二、评价方式

按时间：实行周评、月评、平时小考、期中评价、期末评价相结合。

每周评出三个优秀学习小组进行表扬，并在小组合作学习黑板上画红旗公示；每周积分后三名的小组集体跑圈。每月九个小组积分排名，积分靠前的优先选择座位。每次期中和期末考试后评选出优秀学习小组和优秀组长在班会中进行表彰和物质奖励。

按评价者：学生自评、组长评价、学生互评、教师点评。

评价的分类还有很多，还可分为课堂评价、作业评价、学科评价等。

课堂评价：一般可由任课老师、课代表、组长共同完成，对每组学生的预习、展示、合作、交流、探究、任务完成情况、分工、纪律进行考核。

作业评价：全体小组成员每次都能按时完成作业，给小组和个人酌情加分；书写整齐，错误少，另给小组和个人加奖励分。如有不交作业者，按人次分别给小组和个人减分。

学科评价：由课代表负责，从作业质量、课前准备、上课表现等方面每天记录，每周总结后，报班长封存。

三、注意事项

1. 不能为了评价而评价。评价仅是手段，目的是激励与督促；或者说评价是形式，作用是矫正与导航。既然是手段、形式，就不能为形所役，更不能买椟还珠。关于数据，态度上不要较真，使用上可以简化零星统计与专门考核相结合，别让学生陷入“数据”的泥坑里，我们不是为数字学习的。

2. 无论何种方式的评价，都要注重捆绑式评价。学生上进心强，集体荣誉感强，小组间的竞争无疑给了每个小组进步的动力，但为了给组内多加分，组内学优生便会在课堂上多次发言，在作业上更加认真，在学习上更加努力，这样学困生便会变得无事可做。为避免这种情况发生，必须制定特殊加减分标准。例如：组内学困生每发一次言比学优生多加分；学困生作业认真完成比学优生多加分；学困生进步大时要加双倍甚至多倍的分……这样，组内会更加团结，学优生会更加真诚地去帮学困生，从而实现“一帮一，一对红”的预期目标。

3. 无论是过程评价还是结果评价，无论是小组评价还是个人评价，都必须把小组合作表现列为评价的主要指标之一。小组成员的差异性，小组分工的合理性，小组成员的合作方式，集体研究活动的形式、内容、效果，小组成员的参与度、达成小组研究结果的方式等，都应当成为对集体的过程评价的重要观察视角；个人对分担任务的态度、执行及完成情况，在小组集体活动中的表现，与同伴互助合作的方式，个人对问题研究的贡献，个人达成研究结果的方式以及对集体研究结果的作用等，则应当成为对小组成员个人评价的观察视角。

4. 运用同伴评价，促进学生发展。主要是对比组同等程度的孩子互评，一方面增强参与竞争的意识；另一方面一改以往教师评学生听的局面，让学生真切感受到自己是学习的主人。通过这种评价，使学生增强集体责任感、集体荣誉感，并进一步提高其分析能力。

5. 教师激励评价，促使学生进步。教师要用赏识的眼光和心态去寻找学生点滴的闪光点，用赏识的语言进行激励，使学生更加优秀和自信。

6. 学生自我评价，实现自我完善。自我评价，实际上是一个自我反省的过程。正确评价，是学生自我完善的催化剂。通过评价进行自我调整，进而自我完善。

总之，灵活合理及时有效的评价进一步固化了小组合作学习的优势，增强了同学们的合作互助精神，推动了班级各方面工作的整体性的提升。

暑假接近尾声的时候，我和刘校长达成了共识：“秋季开学后，可以在全校推广合作学习。”

有了这个“三部曲”，老师们的“小组合作学习”的开展就有了课改指南。

王媛媛老师是其中的代表。

在王老师的班级里，每天的活动都实行小组自主管理，每个小组都有值日组长负责记录内容，包括当天的课堂表现、作业完成、卫生打扫等项目。

时隔多年，王老师至今还保留着当年学生的笔记。每当翻看这些笔记，我就感慨不已。

如今，王老师已调入兰山区教体局师训科工作。每每见到我，王老师都颇有感慨地对我说：“孟校长，没有当年小组合作学习的锤炼，就不会有我的今天，衷心感谢您当年对我的栽培！”

翻转课堂实验

2013年初夏，已经停滞了七年之久的中小学教师职称评审工作突然启动了。

按照兰山区教体局公布的赋分办法赋分，我在聘任上高级教师的名次中处于最后一名。

七年职称评审的停滞，让许多老教师带着遗憾退休了。

参与聘任的高级教师名单中，一位即将退休的老教师的名字紧跟我之后。由于受名额限制，这位老教师极可能像前几年退休的老教师一样，带着深深的遗憾离开他奉献了一生的教育事业。没有半点犹豫，我自动退出了竞聘高级教师的序列。因此，那位即将退休的老教师得以顺利聘任。

捧着大红的聘任证书，那位老教师老泪纵横："孟校长，要不是您，我就带着终生的遗憾退休了。是您让我临退休前享受到了高级教师的待遇和荣誉，说什么我也得请您喝一杯。”我谢绝了这位老教师的好意，拉着他的手说：“我还年轻，今后有的是机会。”

没想到，这件小事，一时竟成了校园里的美谈。

有的老师说：“孟校长是好人哪。”

有的老师说：“孟校长是有格局的人。”

无意间的举动，竟赢得了老师们的信任，推动了小组合作学习实验的加速展开。

初步的探究成果，鼓舞了全校师生的士气，我们也更加斗志昂扬，决心继续深化小组合作学习。

秋季开学初，临沂市教育局教科研中心召开了全市的教学改革论坛会，邀请区域内的改革试点学校参加，我和刘校长有幸受邀参加。

在这次论坛会上，我们意外地从莒南七中潘增余校长那里得到了一个讯息：他们学校的翻转课堂课改获得了阶段性进展。

会议一结束，我就和刘校长商议：“刘校长，我们去参观参观他们的翻转课堂吧？”

“我们明天就去，如何？”

就这样，我和刘校长走进了莒南七中。细细观摩他们的翻转课堂，我俩被他们的信息技术与学科教学的深度融合深深地震撼了。

在观摩学习回来的路上，我和刘校长都一言未发，脑海里全是人家翻转课堂上激动人心的画面。

回到学校，我查阅了有关翻转课堂的资料，细细揣摩起来。

原来，翻转课堂起源于美国，它是把传统课堂中学习新知识的环节放到了课前，学生课前观看、学习教师推送的微课等视频资料进行新知识的学习，课堂上再进行知识内化。

初步了解了翻转课堂，我就拍案叫好：这太符合十一中目前的情况了。十一中学生基础差，学习的主动性、能动性、自觉性不强，如果在十一中实施翻转课堂，将会极大地调动学生自主学习、探究学习的积极性啊！

我继续查阅翻转课堂的更多资料，深入研究翻转课堂。

实际上，借助互联网和学习终端设备，引导学生课前预习，课内将知识进行内化吸收，课后进行拓展学习，这才是翻转课堂的核心理念所在。

依据这一核心理念，国外基础教育、高中教育、大学教育进行了大量的实验探究。翻转课堂与20世纪70年代我国的教学专家邱学华在“尝试教学法”中提出的“先练后讲”的教学法极为相似，只是当初的我们缺少了互联网的辅助和学习终端而已。

带着深深的体会和感悟，我迫不及待地推开了刘校长办公室的门：“刘校长，咱们改吧。”

刘校长极力压制着内心的激动，故意慢条斯理地说：“谈谈你的想法。”

“初步小组合作学习的实验探究取得了一定的成效，此时我们不失时机地推进翻转课堂的改革正合时宜，因为老师们求变的思想已经被彻底激活了。”

“临沂十一中的学生不缺天赋，缺的是学习的积极性。假如我们大刀阔斧地推进翻转课堂的教学改革，一来能进一步激发老师们求变的思想，调动老师们进行翻转课堂的积极性；二来能充分调动学生自主学习的积极性，从根本上改变学生被动学习、接受式学习的局面。”

“魏元杰、王媛媛、范自成、石绍乾四位老师的小组合作学习课改正如火如荼地推进，我们不妨就从他们那里开始实验。等实验成功了，我们再大面积推广，如何？”

我按捺不住激动的心情，一口气说出了我的思路。

“完全赞同。”刘校长又转身走到了窗前，“不知教体局领导的意见如何。”

“我去汇报。”这么说着，我就一口气跑到了兰山区教体局，慌忙地推开了教研室相关领导的门。

听罢我的汇报，教研室领导对我们翻转课堂的课改颇为赞赏，不过，领导也颇为顾虑：“是不是步子迈得有点大啊？翻转课堂需要平板这一终端学习设备，还需要微课等学习资源库，更需要一定技术手段的支持，家长们能同意吗？”

这些顾虑我早就考虑到了。于是，我这样给教研室的有关领导表态：“只要我们耐心给学生家长做好解释、说服等工作，我们相信，学生家长会支持我们的。”

“那就大胆试？改革需要勇气和胆量，更需要承担一定的风险和非议。改革探究成功了，老百姓会支持我们的。”

趁热打铁，刘校长和我一起，联合参与新课改的四位老师，召开了小组合作学习实验班的学生家长会议，令我们没有想到的是，当我们介绍翻转课堂的先进理念时，学生家长极力配合，纷纷表态：“只要有利于学生的身心健康，有利于学生的学习提高，有利于学生的终身发展，我们将全力配合。”“改吧！孟校长，我们是您和刘校长的坚强后盾！我们相信你们！”

这是尝到了小组合作学习甜头的家长心声。

然而，当我们尝试翻转课堂课改时，困难接踵而至。

那时，我们手中掌握的微课等资源严重不足，只能调动老师的积极性，利用手机拍摄微课，再推送给学生自学。但是，由于手机拍摄的画面不清晰，再加上音质嘈杂，引起了学生的一片吐槽。

于是，我和刘校长紧急行动，投入资金，在教学楼五楼建了两间高质量的录播室，供老师们录制微课。

为了解决课堂上使用平板教学时突然出现网络故障或者平板故障等问题，我们引进了一家教育科技公司为我们的翻转课堂提供技术支撑和服务。

我们还在前期合作学习的基础上，初步形成了智慧课堂五环节教学流程。

环节	目标与内容	策略
1	课前自主学习	学习任务单和微课
2	同伴互助	组内互助、解决问题
3	疑难突破	组间互助、解决难题

（续表）

环节	目标与内容	策略
4	训练展示	小组合作、内化知识
5	反思评价	知识归纳梳理、自测

微课和任务单是智慧课堂教师迈不过去的坎。刚开始我们对这两项工作不熟悉，制作起来很艰难。我们先是请了上海黎家厚教授的研究生团队来培训教师使用喀秋莎软件录微课；后来老师们在使用软件的同时，也在不断地摸索用手机录屏，这样就简单多了；再到后来网络资源丰富了，好多科技公司有录制的微课放到网络上，我们下载使用就可以了。

课前任务单的理解与制作也是一个逐步完善优化的过程。

自主学习任务单，是课堂重难点的体现，更是其知识点和知识体系构建的体现，还是挖掘学生思维潜能和智力潜质的体现。自主学习任务单，是学生自学的导引，绝不是学生课前的习题集；是教师课前二次备课的重要依据，绝不是教师课堂的导学案。任务单的设计要有知识层次，要体现任务，要精准达成课时目标。

本着这一宗旨，我和参与翻转课堂课改的老师反复研讨，确定了自主学习任务单的制作内容，包括学习指南和学习任务两大部分。

学习指南包括学习内容、学习目标、学习方法建议、课堂学习形式预告等内容，学习任务包括下载资料、课前预习、课前自主学习、疑难点突破、重难点突破、总结反馈等环节和内容。

有了这样的课前学习环节，翻转课堂的实验也就正式推进了。

在翻转课堂实验有序推进的日子里，我天天和实验班的师生们在一起。下课的铃声响了，我也舍不得走出教室，而是躬下身子倾听学生的感受；业余时间，我就和实验老师促膝长谈。

一个学期过去了，我把与学生的交流和实验老师的谈话一一记录在档，反复思索，反复推演，反复提炼。终于，我在学期末提炼出了临沂十一中“235 导学一体”教学策略。

235 导学一体

时间能证明一切！

翻转课堂实验刚探究了一个学期，我们就收获满满。

与对比班成绩比较，翻转课堂实验班的期末检测成绩高出了许多。难能可贵的是，学生自主学习、探究学习、合作学习的积极性特别高涨，实验班的学生家长也高度认可了这一学习模式。

“孟校长，翻转课堂是一种先进的教学理念。我儿子在实验班里学习。过去，他成绩在班里是中游，现在，已经进入了班级前十名了。这样的翻转课堂，你们可得坚持下去啊！”一位在实验班学习的学生的父亲给我打电话这么说。

更难能可贵的是，未参加实验探究的一名学生家长，也电话联系我：“孟校长，俺女儿不在实验班，俺邻居的女儿在实验班。过去，俺邻居的女儿学习不如俺女儿，但这次期末检测，俺女儿的成绩被邻居的女儿落下了一大截。麻烦您，把俺女儿调到实验班，可以吗？”

那个假期，这样的电话我接了一个又一个。

看来，新学期开学后，必须在全校推广翻转课堂这一教学模式了。

要想在全校推广这一教学模式，就必须对临沂十一中全体教师、全部学科、全体学生进行“全覆盖”式的系统培训，我们称之为“三全”培训。而培训的核心内容就是——“235 导学一体”教学策略。

“235 导学一体”教学策略解读

“235 导学一体”教学策略突出学生的自主学习，落实以学生为本的教学理念，充分体现了学生的主体地位；是学生新授课前一天从平台下载老师提前录制的微课，利用视频学习新知识或解决疑难问题，第二天在课堂上讨论、交流、展示、点评、训练、完成知识吸收与内化的过程。

一、理论支撑

布鲁姆掌握学习理论、建构主义学习理论、信息加工学习理论、人本主义教学理论。

二、“235 导学一体”教学策略

“2”是指学生学习的两个时间段：“课前自主学习”和“课堂知识内化”两个阶段。

“3”是指教师备课的三个步骤：编制自主学习任务单、制作微课（教师针对本节课的重难点，录制有趣味性、实效性、针对性的视频）和课堂导学。

“5”是指学生学习的五个环节：自主学习、同伴互助、疑难突破、训练展示、反思评价。

三、“235 导学一体”教学步骤

课前自主学习阶段

包括五个步骤：明确学习目标→教材自学→微课助学→在线测学→问题梳理。

说明：

1. 学生回家自学，教师要向学生明确：先读学习目标，再按照自主学习任务单的任务提示并借助微视频自学，最后对照自主学习单目标，来检验自学的质量。

2. 在自学的过程中，学生根据需要观看相关微视频，解决自主学习中遇到的问题。

3. 在线完成老师提供的测评内容。

4. 梳理自主探究的知识点及存在的问题，将未解决的问题和新提出的问题写到学案指定位置。

5. 教师根据平台反馈的学生的在线测学检测数据，发现学生存在的问题，有针对性地完善课堂教学设计。

6. 为确保任务单完成的质量，教师要对任务单做好三方面的检查：题目完成情况、疑惑点记录情况、修改区修改情况。

7. 教师要发挥三人组的检查督促功能，建立教师查大组长，大组长查小组长，小组长查组员的立体网络。

课堂知识内化阶段

包括四个环节：同伴互助→疑难突破→训练展示→反思评价。

同伴互助

学习时间：10 分钟左右。小组内讨论约 5 分钟，小组间讨论约 5 分钟。

学习内容：学生讨论并解决课前自主学习中遇到的困惑，确定个体及小组成员仍未解决的学习难点。

学习目标：部分地解决课前学习中遇到的困惑，提出未能解决的问题，生成新的问题。

学习形式：先组内互助交流，再组间互助交流。组内互助先三人组进行讨论交流，再六人大组讨论交流。通过组内组间讨论交流仍不能解决的问题，教师出场，师生共同进入“疑难突破”环节。

学习评价：从内容上考查学生是否明了学习的重点和难点；从形式上要监测学生的协作学习状况。

教师角色：在本环节的学习中，教师的主要任务是关注学习差距，鼓励学生大胆表述，张扬个性，升华思维，确保学优生和学困生都能在原有基础上实现提升。教师还要学会倾听，提醒学生合作解决重点和难点问题。凡是学生自己能解决的问题教师不能越俎代庖，只给予适当点拨。教师还要引导学生明确有些问题的答案不是唯一的，而是多元的、开放的。教师要注重课堂生成的有益观点和见解，并及时发现不利于学习的因素。

说明：

1. 教师要明确合作的顺序——先组内再组间，组内先三人再六人，组内互助要充分发挥组长的检查、辅导、纠错、过关的作用。

2. 学生同伴互助时教师要不断巡视了解学情、互助的进度，调度好互助学习的时间、节奏。

3. 互助研讨过程中未解决的问题和新提出的问题要让学生养成自觉写在组内小黑板上的习惯。

疑难突破

学习时间：10 分钟左右。

学习内容：突破的重点有两方面：一是课程内容本身（课标）的重点，二是学生困惑比较多的难点以及通过学习新生成的难点。教师对上述环节中学生解决不了的疑难和困惑，或教师发现的学生不能理解的地方进行引导。在解决重点和难点的同时，保证课程内容的系统性、完整性。

学习目标：解决学习中的困惑，全体学生完成学习目标。达到学习的准确性、完整性。

学习形式：通过教师讲解、学生讲解、师生讨论等方式帮助学生突破重点和难点。教师要引导学生对学习重点和难点进行深入分析，着重分析上一环节出现的各种观点、意见、方案、方法等，明辨是非，比较优劣，达到课程学习目标。教师要注意讲解简洁明了，启发引导，力戒重复啰唆。具体的方式可以灵活多样，在个别问题上可以采用“兵教兵”的方式，请学生讲解，加深学生印象。教师要积极促进学生的全员参与，营造民主、平等、和谐的课堂气氛。

学习评价：主要针对教师的组织策略和讲解方式、方法进行评价。

教师角色：在本环节的学习中，教师的主要任务是引导、启发、点拨、评价、拓展、延伸，完成知识建构，使学生掌握的知识在这里得到落实。

说明：

教师可结合学习任务单，围绕重点难点提供准备好的 PPT、视频及课件等拓展材料，推进学生的深度学习。

训练展示

学习时间：约 20 分钟。

学习内容：基于前面的学生自学、小组协作和教师引导，本环节注重对学习目标的训练与检测，包括不同难度等级题目的拓展。

学习目标：巩固所学知识，拓展迁移，检测学习目标达成情况。

学习形式：教师提供准备好的拓展材料，带领学生以多种方式完成训练。随着学习的深入，可以给学生提供训练习题，也可以在 PPT 上直接播放让学生及时作答。本环节尤其要注意练习的变式呈现，注意练习题的一题多解、一题多变，避免机械重复。

学习评价：学生不同学习目标的达成率、优秀率。

教师角色：在本环节的学习中，教师主要是发挥帮助学生测评的作用。可以引导学生自我测评，也可以在教师主导下，直接检测学生学习情况。

说明：

基本脱离学习任务单，教师提供纸质稿或电子稿等多种形式的练习与应用材料。鼓励结合生活中的具体问题进行练习。

反思评价

学习时间：约 5 分钟。

学习内容：总结课程学习状况，包括学科思想方法、对其他学科学习的影响、学习态度、小组协作及学习目标的达成情况等。引导学生完成学习任务单中的反思环节，并布置下一个学习任务。

学习目标：总结学习内容，反思学习过程。

学习评价：用思维导图、概念图评价学习内容。

学习形式：先组内总结交流本节课的收获，然后由教师引导，总结归纳提炼。

教师角色：在本环节的学习中，教师的主要任务是调控课堂，从学习内容、学生课堂表现两个方面完成归纳反思。

说明：

让学生明确本环节的两个任务：反思这节课学习的收获以及解决问题的思路方法，反思这节课小组组员的表现情况及合作的效果。

实际上，“235 导学一体”教学策略，按空间可分为在校和在线两部分。“在校”就是在学校班级里的实际课堂上，按“235 导学一体”教学策略，利用手中的平板这个高速的特殊运载工具进行行之有效的自主、探究、合作学习；“在线”就是利用网络，实现课前线上观看微课，和老师或同伴进行在线研讨。

按时间划分，则分为课前、课中、课后 3 个时间段，每个时间段有每个时间段的任务，为了能直观地反映每个时间段的学习任务、学习形式和学习方式，下面以结构图的形式具体呈现每个阶段的内容。

课堂结构图如下：

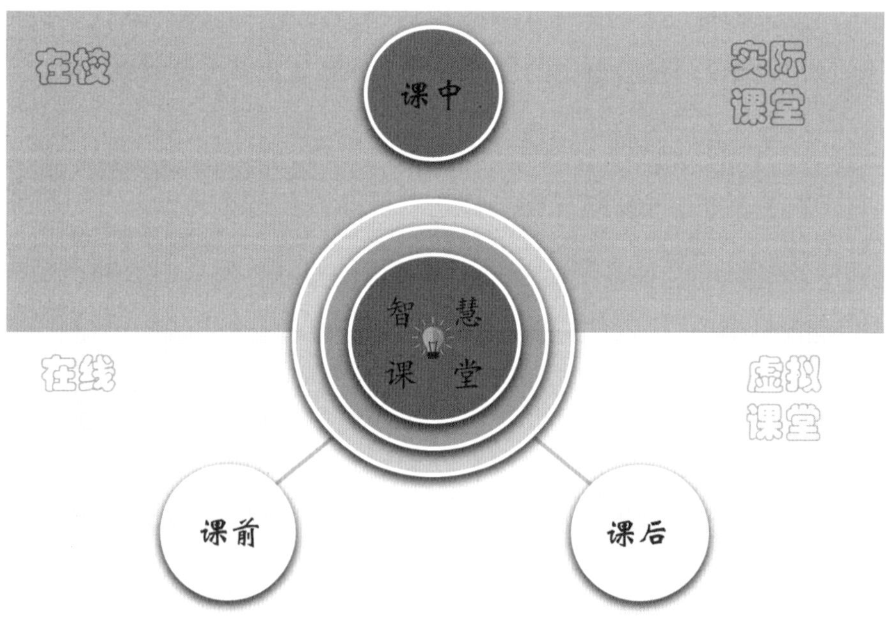

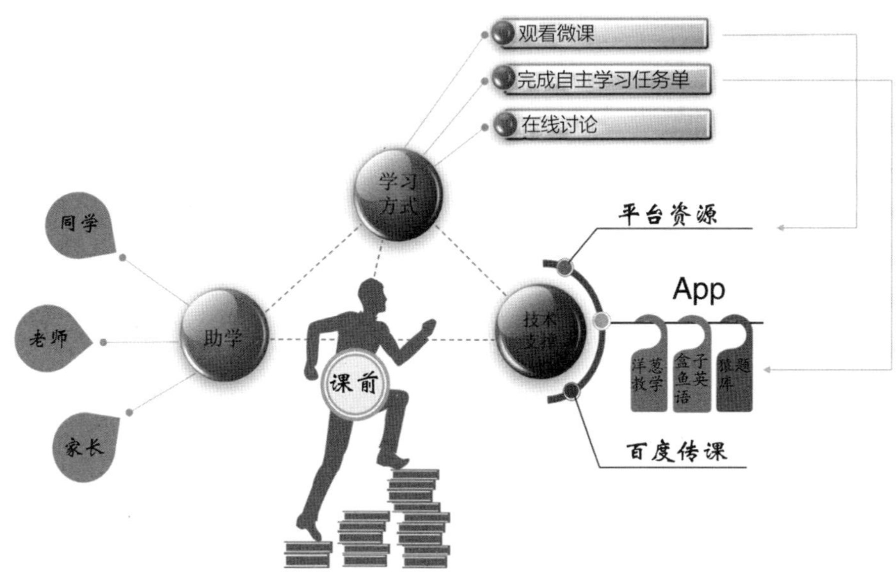
观看微课
完成自主学习任务单
在线讨论
学习方式
平台资源
同学
App
老师
助学
技术支撑
洋葱数学
盒子鱼英语
猿题库
课前
家长
百度传课

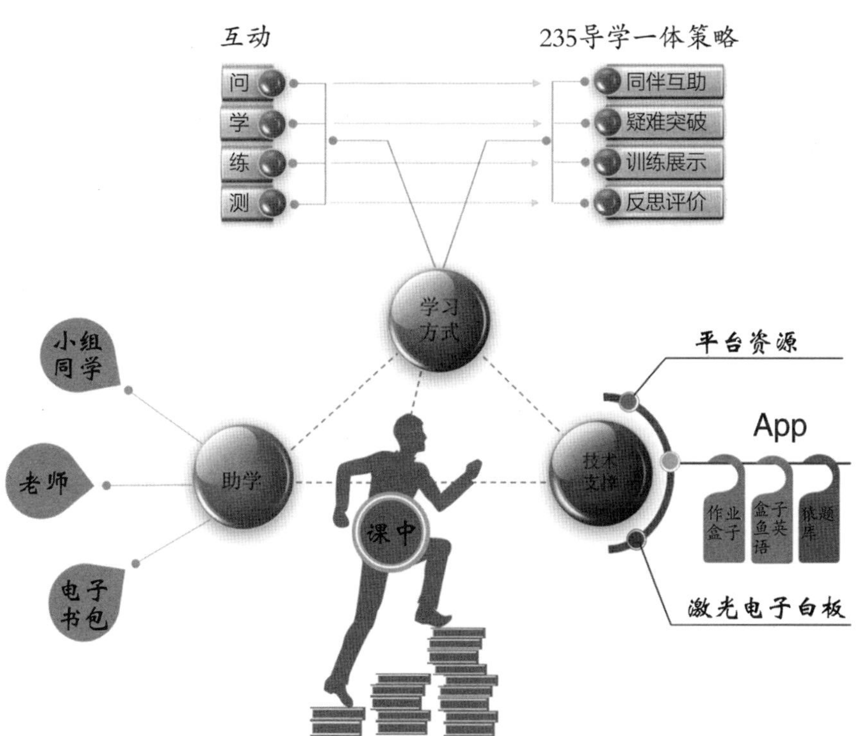
互动
235导学一体策略
问
学
练
测
同伴互助
疑难突破
训练展示
反思评价
学习方式
小组同学
平台资源
App
老师
助学
技术支撑
作业盒子
盒子鱼英语
猿题库
课中
电子书包
激光电子白板

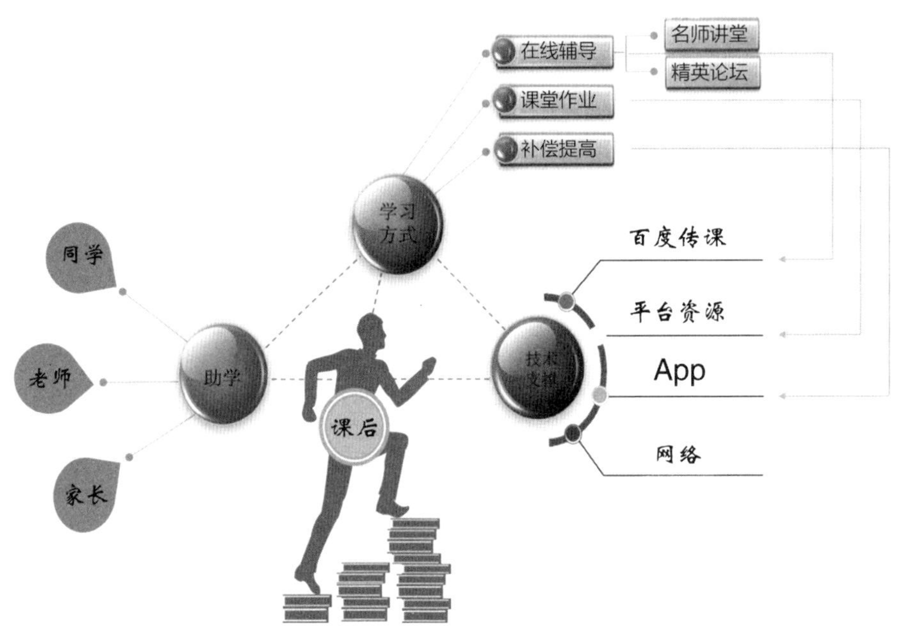

“235 导学一体”教学策略，打破了传统课堂的时空界限，实现了“人人皆学、处处能学、时时可学”的美好愿望，改变了课堂结构，改变了教法学法，真正实现了分层教学、精准教学和个性化学习的目的。

精彩课堂　出彩学生

受益于“235 导学一体”教学策略，一大批教师脱颖而出，成为翻转课堂的教学能手，送教到省市外，站到了国家级展示课、示范课的舞台上。

魏元杰老师是从合作学习到智慧课堂的课改实验中不断淬炼成长起来的数学名师。下面以他讲的课例《平均数 1》为例，概括介绍课堂的全过程。

课前，魏老师就通过平板向学生推送了“自主学习任务单”和微课等自主学习资料。

自主学习任务单

一、学习指南

1. 课题名称：20.1.1 平均数（1）

2. 达成目标：

知识与能力：理解“权”及“加权平均数”的意义，掌握加权平均数的计算公式，并能利用其解决不同情境下的实际问题。

过程与方法：经历情境探求过程，感悟提出“加权平均数”的概念的必要性及“加权平均数”与“算术平均数”的联系与区别；经历解决问题的过程，深化对“权”的各种形式的认识及对“加权平均数”的本质认识。

情感、态度与价值观：认识“各个数据的重要程度有所不同”的客观事实，体会“根据不同数据的权来计算平均数”的合理性。

3. 学习方法建议：

（1）阅读教材时，要将重点、疑点、难点进行勾画；（2）学习过程中可以对微课教学视频进行播放、暂停、快进、重复等操作，边看视频边思考。有针对性地对未掌握的部分强化学习，略过已掌握的部分。

4. 课堂学习形式预告：

（1）同伴互助：组内交流自主学习单中的学习任务部分，解决不了的问题进行标记；（2）疑难突破；（3）训练展示；（4）反思评价。

二、学习任务

【任务导学】自主学习·自我提高

（一）通过自学教材、观看微课，完成下列学习任务：

视频助学　请先思考引导问题，再看视频【加权平均数】，然后完成引导问题下方的摘要填空。

引导问题 1　什么是加权平均数?（00：00—04：17）

1. 体现每个数据所占____________的数叫作权。

2. 加权平均数是改良版的平均数，能够反映出每个数据的______________，想提高哪个数据的______________，增加它的____________就可以了。

3. 计算加权平均数时要注意：最后要除以____________。

引导问题 2　如何给每个数据“加权”？（04：17—07：13）

4. 数据的权经常以____________的形式出现，把 5、10、15 按照 2 ∶ 3 ∶ 4 来算加权平均数，列出的式子是____________。

5. 数据的权还经常以____________的形式出现，因为这里的权的总和是____________，也就是____________，所以我们直接把每一项与自己的权____________，再____________就可以了。

6. 把 5、10、15 按照 20% ∶ 30% ∶ 50% 来算加权平均数，列出的式子是____________。

7. 给数加权，能够改变数据所占的____________，改变它在平均数中的__________。

（二）自主探究

1.（1）数据：4、5、6、7、8 的平均数是__________。

（2）2、8、7、2、7、7、8、7、6 的平均数为__________。

（3）一组数据中有3个x_1和8个x_2，这组数据中共有____个数据；它们的平均数为__________。

2. 某次考试 A、B、C、D、E 这 5 名学生的平均分为 62 分，若学生 A 除外，其余学生的平均得分为 60 分，那么学生 A 的得分是__________。

3. 加权平均数：

（1）n 个数据：f_1 个 a_1，f_2 个 a_2，…，f_k 个 a_k（$f_1+f_2+\cdots+f_n=n$），加权平均数为 $\bar{x}=$__________________________。

（2）权反映的是______________。

三、尝试应用

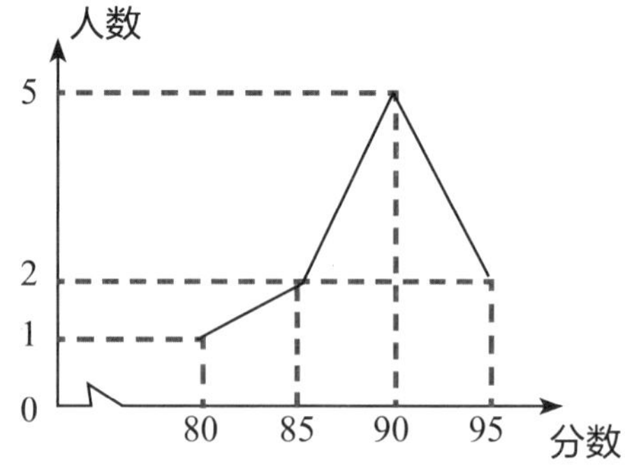

1. 在一次演讲比赛中，参赛的 10 名学生成绩统计如上图所示，

则这 10 名学生成绩的平均数是（　　）

A.91　　B.90　　C.89　　D.88

2. 小王参加某企业招聘测试，他的笔试、面试、技能操作得分分别为 80 分、85 分、90 分，若依次按照 3 ：3 ：4 的比例确定成绩，则小王的成绩是（　　）

A．255 分　　B．84.5 分　　C．85.5 分　　D．86.5 分

自我评价：学习以上内容，我用时约______，学习效果______

课前，魏老师通过平板，及时查看后台数据，一是查看“自主学习任务单”的完成情况，并根据学生提交的问题进行二次备课。

二是查看学生微课观看情况，根据后台的显示数据能看出学生微课观看的态度，实现精准化教学管理。

课堂上，依据“235 导学一体”流程中“同伴互助、疑难突破、训练展示、反思评价”的四个环节逐一展开。

“同伴互助”环节，解决初步问题。这些问题来自课前的任务单反馈，是学生小组线上研讨后未能解决的，这时还不能解决的可通过平板投放到讲台上方的白板上，师生共同解决。解决的过程是先三人再六人；先组内再组间。这一过程，用时大约 10 分钟。

“疑难突破”环节，解决难题。班内的优等生是这一时段的主要参与者，因为难题多是重点难点的呈现。解决的过程遵循先生生，再师生。全班学生都不能解决的问题，最后真的需要教师出来解决。

这就是我们强调的教师在课堂上要少讲，关键处才讲。这一过程，用时大约也10分钟。

“训练展示”环节，内化知识。在通过“同伴互助、疑难突破”这两个环节掌握知识的基础上，教师通过平板推送落实本节重难点内容的训练任务与检测题，检测题难易适度。教师引导学生通过自主学习、小组合作等方式，完成检测内容并通过终端提交。这一过程，用时约20分钟。

“反思评价”环节，拓展延伸。在这一环节，教师总结本节课的学习状况，引导学生完成了“自主学习任务单”中的反思环节，并布置了课后延伸的学习任务。这一环节，用时约5分钟。

对于本节课内容学生需要“温故”，可将平板带回家，利用网络，回放“课堂实录”；需要研讨，可以利用“虚拟自习室”和同学即时研讨；家长如想参与其中，没问题，坐在孩子身边，和孩子一起“看平板”。

从魏老师这一节普通的课例我们不难发现，不论是课前、课中还是课后，教师绝对不是“主人”，而是一个指导学生进行学习表演的“导演”，学生才是学习的真正“主人”，才是学习的主宰者。

今天，魏老师已成长为主任，他经常感慨地说：“那时，我和同事们外出学习时，经常聆听专家教授的讲座，每每听到他们讲到翻转课堂，我们就忍不住想，这些我们都实践过。”

这样的课堂学生也是出彩的，郁舒婷、乔芮就是其中的佼佼者。

郁舒婷是班长，还是学习小组的组长，她带领的学习小组，每个组员成绩都不错。我曾和郁舒婷有过一次长谈，这孩子快人快语，她告诉我，每当她发现他们组内有同学在课前及课后学习阶段掉队了，她会利用“虚拟自习室”，一一给他们讲解，直到同学学会、弄懂为止。如果有的同学想偷懒，她就会电话联系该同学的家长，让其督促孩子学习。

优秀负责的组长会带动所有组员共同进步。事实就是这样，后来班主任又给她换了组员，她组的成绩仍远远高于其他组，我们把这一现象称为“郁舒婷现象”，十一中人尽皆知，纷纷效仿。

提到“郁舒婷现象”，不得不谈谈乔芮的故事。

（图为原临沂十一中学生乔芮利用平板向教育部原副部长朱之文同志汇报临沂十一中教育信息化发展成就，她身后的女教师为临沂十一中原翻转课堂优秀教学能手王媛媛老师）

那是2018年的全国教育信息化展示现场会上，乔芮作为临沂十一中的学生代表，站到了临沂十一中的展台边，向参观者介绍临沂十一中教育信息化的成就。教育部原副部长朱之文来到十一中展台参观。乔芮用了十几分钟时间，向朱部长做了详细的汇报。

朱部长对临沂十一中教育信息化研究大加赞赏，并语重心长地说："教育信息化是未来教育发展的方向，你们今天的研究成果来之不易，望你们再接再厉，为我国的教育信息化发展再立新功。"

得到朱部长的肯定和勉励，全体临沂十一中人备感自豪，表示决不辜负朱部长的殷切厚望,苦练内功,为教育信息化做出新的贡献。

可惜，那时我已调离了临沂十一中，没能亲自聆听朱部长的教诲。

就这样，在各级领导的关怀下，在全校师生员工的辛勤耕耘下，临沂十一中的教育信息化驶上了飞速发展的快车道。

绽放课改之花

随着翻转课堂的不断推进，教师、学生、家长对小组合作学习和翻转课堂有了崭新的认识，纷纷赞叹这样的课改让临沂十一中焕发了勃勃生机，教育教学质量得到了大幅提升。

翻阅至今还保留的诸多资料，忍不住择优推荐几篇。

我心飞翔

王媛媛

实话实说，我不是一个很勤快的人，甚至还比较懒惰，总是被动接受，很少主动出击。相信很多老师和我一样，日复一日，做好自己的本分，身上有一层厚厚的壳，心安理得。结果就是角色的定位只是一个教书匠，却做不了一个教育家，匠气有余而灵气不足。好在本分中包括认真完成学校要求的任务，比如智慧课堂中的平板使用。

党的十八大报告指出：建设下一代信息基础设施，发展现代信息技术产业体系，健全信息安全保障体系，推进信息网络技术广泛运用。加强和改进网络内容建设，唱响网上主旋律。网络是21世纪的通行证，青少年问题专家孙云晓提出："21世纪，青少年要有管理知识和处理信息的能力。网络是获取这种能力的工具，计算机及其网络将成为未来社会的巨大载体，学习和掌握计算机知识，将有利于青少年未来的发展。"美国心理学家罗杰斯说："成功的教学依赖于一种真诚的尊重和信任的事实关系，依赖于一种和谐安全的课堂气氛。在智慧课堂上，利用平板终端和大数据，实现对学生学习程度的分析，有利于教师精准地把握学情，教师对每位学生学习的全程监测、动态把握，改变了部分学生懒学、怠学、不学的状态，轻松实现了师生互动、生生互动、时时互动。"学生无论在课上课下，还是在校在家，都能随时、随处学习，教师、学生、家长还能全程助学，打破了传统课堂的时空，实现了"人人皆学、处处能学、时时可学"。

大道理自己也明白，可让自己接触新事物，还是经历了内心抵制—顺应悦纳—主动学习的心路历程。人总有自己的舒适区，突破自己总得进行斗争思考。然正所谓"天下事有难易乎？为之则难者亦易矣，不为则易者亦难矣！"真正静下心来，看到自己的同事不断在智慧课堂的大背景下拓宽教学视野，拓展创新空间，优化课堂结构，做到自己教育素养的进一步提升，自己内心不断被触动、震撼，能量被叠加，厚厚的壳有了裂纹。真心认识到主动付出，天地更宽广。陶行知先生说："处处是创造之地，天天是创造之时，人人是创造之人。"用心去对待生活，用心借助平板作用于课堂，认真想，努力做，必然能充实快乐。付出就会有收获，努力就会有回报。我们都是平凡人，可是在平凡的工作中注入激情，谁说不会产生化学变化，缔造奇迹呢？课改进行时，奇迹酝酿中。

海涅说："反省是一面镜子，客观存在能将我们的错误清清楚楚地照出来，使我们有改正。"一年来平板在教学中的运用使我们都有"成"有"败"。"成"到了，我们满心欢喜。但同时更要告诫自己：山外有山，楼外有楼。被认可、被鼓励、被赞美时要戒骄戒躁，再接再厉，因为凡事没有"最好"，但有"更好"。"败"来了，也要提醒自己：不用垂头丧气，拨开乌云就会见到晴日，谁能说"吃一堑，长一智"的我们不会"卷土重来"，"心若在，梦就在"，大不了"从头再来"。"胜不骄"的我们才能走得坚定；"败不馁"的我们才能走得更执着。

春来遍是桃花水，才知仙源此处寻。智慧课堂的东风吹遍临沂十一中的课堂前沿，作为路上的行者，无论是学生，还是同人，还有我们自己在教学的道路上都有了一定的收获，真是"春风吹来百花开"。只要我们"能"且"善"地"学习"新功能提点自己；"拿来"同人的做法提高自己，"拿来"自己的不足提醒自己。那么我们一定会"飞"得更高一点，"飞"得更快一点，“飞”得更稳一点……

你在飞，就是我在飞，我在飞，就是你在飞，我心飞翔！

云教学应用感想

魏元杰

作为学校的试点班级，经过半年多对云教学平台的使用，老师的教和学生的学都悄然发生了很多变化，教师教的效率提高，学生学得轻松、幸福。

在信息技术和课堂教学的深度融合中，老师的教育理念和教学模式的改变是关键，老师要摒弃“填鸭式”的教学方式，以学生自主探究、合作学习为主，只有这样才能体现出信息技术反馈的及时性和互动的方便性的优势，真正提高课堂效率。

经过半年多的探索，在课前，我通过系统向学生推送“学材”“微课”，学生进行预习，再加上师生之间通过网络课堂的互动和讨论，学生对基本知识完全可以掌握，为课堂教学节省了大量时间；在课上，老师主要做的工作是解决同学们的问题和重难点知识的突破和训练。学生先提出问题、同伴互助，然后老师引导同学们疑难突破和训练展示，利用睿易教学平台进行效果的反馈和师生的互动。整堂课以学生互助和合作为主，老师引导为辅，学生学得积极、主动，老师教得轻松、自由。课下，利用系统提供的提交作业功能，我让学生提交自主学习任务单，针对性地对个别学生预习作业进行批改，既掌握了学生作业完成情况，防止互相抄袭作业，也了解了学生，从而针对性地备课。

在应用云教学平台中，我感觉到平台的互动性和反馈的及时性很强大，尤其难能可贵的是公司的跟踪服务很到位，有专门人员驻点跟踪服务，能对老师的需求做出及时响应和改进，从而给我们运用这个平台提供了极大方便。

在信息技术和课堂教学深度融合的路上，我们还处于探索阶段，相信在老师们锲而不舍的钻研下，在优秀公司的支持下，必将对现有课堂教学带来巨大改变。

走在梦想的路上

邵泽军

2012年以来，我校历经了“走出去—请进来—走出去”三步曲，教学模式从合作学习、翻转课堂，到现在的智慧课堂教学，得到了专家、领导、同行的高度评价和认可。天南海北、五湖四海的学校也纷至沓来，学习、取经、交流……一时间鲜花和掌声、赞美和赏识蜂拥而至，可谁又知道改革中历经的种种困难和阻力。就拿本人来说，在刚接触时，也是内心充满矛盾、困惑、质疑，能行吗？有效果吗？我能学会吗？尽管学校多次举行动员大会、培训大会，刚开始总觉得雾里看花，朦朦胧胧的，似懂非懂。但时间长了，熏陶感染，慢慢体会到领导的良苦用心，又通过听了几节课（感受最深的是魏元杰的数学课《二次函数》

和钱圣理的地理课《中东》），猛然有种醍醐灌顶、如梦方醒般的感觉。然后静下心来，认真领悟，精心准备，大胆尝试，几节课下来，喜悦和信心迎面扑来，又经过学校组织的“智慧课堂讲课比赛”并上了录像课，感觉提升很快，收获颇丰：智慧课堂，充满师生智慧的课堂，高效而又实效的课堂，充满挑战和活力。

时间的积淀，智慧的凝聚，回头反思，过程艰辛，但硕果累累，现将本人对智慧课堂的学习、领悟、实践、理解，乃至应用，谈谈自己的感悟和心得。

一、智慧课堂的环节

1. 同伴互助。课前老师要自制学习任务单，通过平板传给学生，学生可以在家里完成初步的基础知识的了解、学习和积累，对于自己困惑的地方做一个标志或记录。上课伊始，老师会把时间交给学生，让学生小组合作，组内讨论、细化课前的学习，组长带领达成共识。有问题组内共同解决，组内解决不了的问题，由组长汇总，然后通过平板提交。这个过程学生是全体起立，直至组内解决完毕，小组所有成员才坐下。这个站立讨论、互助的过程，包括完成任务后的统一落座，全部是习惯性的不成文的规定。这时老师可根据学生落座的情况观察本环节的进度。

2. 释疑解惑。教师等所有同学都坐下后，汇总各组提交的任务，然后展示给全班，下面让其他组的同学上台讲解别组的疑惑，一人讲完，别的同学若有补充或更好、更完善的答案，也可上台补充。只有所有学生都不会的问题，方可由老师出面讲解。

3. 知识构建。通过前两个环节的学习，教师引导学生总结本节所学，挖掘知识间的内在联系，做到前后贯通，举一反三。

4. 课堂检测。本环节主要通过有针对性的检测题，来检测学生本节课掌握的程度，以便于发现问题、解决问题，可以起到查缺补漏的作用。

二、智慧课堂的优点

1. 确实能提高学生学习的主动性，让学生在自主学习中获取知识。例如通过“同伴互助”的学习，能激励各小组快速完成，否则就会成为“最后一位坐下”，“效率最慢的小组”了。

2. 信息化的引进，使学生独立学习成为可能，使教师能够通过专门的教学软件对学生的情况进行有针对性的分析、教育，做到教育的针对性。例如学习任务单的发布推送，可让学生在家学习；线下自习室开设做到了学生与老师、同学的互动。

3. 增加了师生、生生交流互动的机会，使学生学习更加灵活多样，学生间、师生间、教师与家长间的交流非常密切，改变了教师以往所扮演的角色。

4. 采用小组合作的方式确实改变了学生的学习方式，组长在上面讲评的过程中，自己通过思考得到提升，学生的质疑得到解决，使自己的知识得到运用和升华。学习时间的思维对话的碰撞，解决了学生学习的难点。

5. 学生的自学能力提高，将更多的教学转化成学生的主动学习。因为学生只有真正自学了，并拍照上交，才能体现每个学生是否真正学习了，还能根据学生提交的时间，掌握学生学习的时间、提交的早晚、学习的效率等。

6. 真正实现了教师主导、学生主体的理念。全部学习过程，绝大部分是学生的课前自学、课上的合作学习，都是以学生的自主学习为主的。

7. 课堂教学效果，决定于一个教师的综合素养、驾驭教学的能力，但不可否认的一个事实就是必须以学生为主体，教师的作用是“传道、授业、解惑”。智慧课堂教学把主动权交还给了学生，让学生充分发挥自己的主观能动性，让学生有更多动口、动脑、动手的机会，教师主要在启发、点拨、诱导上下足“功夫”：课本让学生去“读”；解题思路让学生去“讲”；评价环节让学生去“评”；解题过程让学生去“写”；疑惑关键让学生去“议”；规律让学生去“找”；结论让学生去“下”；错误让学生去“改”，真正发挥了学生的主体作用，使课堂效率更高效，教学效果最大化。

8. 学习效率大大提高。我在《中东》一节的学习中，通过学习任务单，学生可以在家自学就掌握了本节课的知识框架；通过同伴互助环节，小组就解决了大部分问题；通过释疑解惑环节，学生间基本上解决了一些疑难问题，例如：“中东石油输送到欧洲西部和北美洲，为什么不全部走捷径，还有很大部分要舍近求远绕道非洲好望角？”

我们的智慧课堂改革才迈出了一小步，以后的路更长。我们要不断在发现问题、解决问题中探索规律，不断完善自己的教学方式。

智慧课堂——让教育的阳光普照每一个孩子

石绍乾

“我们的学校是唯一不受科技革命影响的阵地，今天的教室和维多利亚时代的教室没有什么两样。”这是世界传媒大亨默多克在出席一次峰会上的讲话。当时看到这句话时，心里感触颇多。是的，科学技术特别是信息技术给社会的各行各业带来了巨大的变革，而学校教育却把信息技术挡在了围墙之外，继续着传统的教育方式。教育并没有因为信息时代的到来而发生根本性的变革。

作为一名教学一线的中学英语教师，十几年来，我一直在寻求怎样使每一个学生都能参与到课堂教学当中去，最大限度地激发学生的积极性，使课堂的效率发挥到最大。但经过了无数次的尝试，我发现这只是一个理想。“一支粉笔，一本教科书”的传统的教学方式是无法实现这个理想的。然而，自从刘校长引进了智慧课堂教学模式，我感觉理想终于变成了现实。

无论是课前、课中，还是课下，让每一个学生积极参与其中，并且能够得到教师的时时掌控，适时指导，是以睿易为平台的智慧课堂带给我最大的惊喜。使用这一平台一段时间来，我感觉学生的课堂参与度大大的提高了，学生的积极性也上去了，上课时走神的少了，因为这个平台的提交功能不允许学生走神。在上课过程中，特别是在做题的时候，老师通过这个平台可以随时监控到学生的完成情况和提交情况，并且可以把每一个学生的答题情况投放到大屏幕上，真正地改变了“三两个同学上黑板，其他同学眼瞪眼”的传统的低效课堂，让每一个同学都能均等地受到老师的照顾。另外，睿易为平台智慧课堂真正实现了人机互动、师生互动、生生互动。从以前的“我讲你听”单方面的授课模式转变成了多方位、多角度的立体模式。

技术平台在课前和课后也有着传统教学无法比拟的优势。首先，在课前的自主学习阶段，教师完全可以做到学生的困惑提前预知。我把自主学习任务单通过睿易平台发给学生，学生通过完成任务单提前预习第二天学习的内容，做完后上传到平台。这样我就可以掌控每一个学生在自主学习中遇到的问题，在课上可做重点讲解，特别是英语的单词和课文录音以及微课，我可以提前发给学生，让学生提前自学，这就大大节省了课堂的时间。其次，在课后的作业当中，睿易平台能使我准确地控制学生的完成时间，并且可以随时批阅，及时反馈给学生。这样一来，既节省时间又有针对性，从而提高教学效果。

使用技术平台的智慧课堂已经近一年了，信息技术在课堂中的影响，还是超出了我的想象。从陌生到融入的经历，以及学生在课堂上的巨大变化使我坚信：只有把信息技术和课堂深度融合，才能克服传统课堂的弊端，才能让教育的阳光普照每一个孩子。

家长来信

尊敬的学校领导、老师：

对于智慧课堂的一些好处和作用，我觉得课件内容可以直接出示在大屏幕上，而内容可以出示在平板上，促进了课堂上每个孩子的参与性；做笔记可以直接截屏，课后整理，十分方便学生学习。同时还有课堂实录，上课没有听懂的地方，课下还可以看回放。

甚至在家里老师都可以直接发题，学生作答，提交，老师批改，方便了老师和学生之间的沟通和交流，而且有疑难问题也能得到解决，受益良多，也能使老师更清楚、更直观地看见学生作业的提交情况。

孩子说老师还能在平板上推送精美文章，使阅读更方便，提高了孩子的阅读与写作的能力。老师也会在平台上推送复习内容、复习要点，有利于孩子的复习。

自从有了智慧课堂，孩子的学习更加积极主动，增强了她团队合作的能力，也使她懂得怎样与他人沟通交流，提升了她与人交往的能力。

对于智慧课堂，我了解的只是皮毛，但是我看到了她学习的进步。让孩子主动去学，而不是被动地敷衍。

我觉得我家孩子最积极的是数学和物理，希望外语也能积极参与。

我和我的孩子非常喜欢智慧课堂！

感谢学校领导和老师们的辛勤付出！

王彤家长

尊敬的学校领导、老师们：

我们学校实行了翻转课堂，把学习的主动权从老师转到了学生。

孩子在家中通过微课视频预习第二天的内容，视频短而精，短短几分钟就能让孩子学会当堂内容。学完还附带相应的题目。遇到不会的题目在第二天的课堂上及时提出，小组可以互相帮助，共同进步。需要全班讨论的问题，老师会让会的同学有表现自己的机会，带动后面的同学，大大提高了孩子学习的积极性。

我们学校实行了翻转课堂，不仅提高了孩子的学习积极性，更是养成了孩子自主学习和小组合作的习惯。视频可以反复看，课后可以通过平板的课堂实录复习，不会有跟不上的情况。

翻转课堂更是提高了孩子的主动性、自主性，课后及时提交作业，并杜绝了抄作业的现象。

现在的知识点越来越难，家长看着孩子不会自己也不会就很着急，而翻转课堂帮助家长解决了这些问题。在这里对学校实行翻转课堂表示由衷的感谢！

乔芮家长

感谢学校实行了智慧课堂

2015级5班　乔芮

我们学校实行了智慧课堂，与传统教学模式很不一样。学习主导权从老师转到了学生，让我学习的积极性大大提高。

课前，老师推送的预习作业，让我基本掌握了当堂课的知识点。有疑惑的地方，可以通过平板的在线答疑向老师提问。与以前只能在学校提问题的方式相比，这种方式更加方便，更能帮助我们学习。

课堂中，不需要老师一个个看谁会谁不会。老师发送题目给全班，我们提交后，可以互相看到对方的答案。老师可以通过平板实时看到每个人的情况。一题题攻克，大大提高了课堂效率和学习成绩。

课后，有不会的知识点我们可以通过平板看课堂实录，结合老师的课下作业，我们能更加轻松地掌握知识。

语文课上，老师可以提前推送阅读材料，让我们加深对本节课的理解，从而提高了我们的阅读能力。老师定期发送的美文阅读，也提升了我们的写作能力。综合下来，我们的语文成绩可以有很大的提升。

数学课上，练习题为主。老师可以给全班或某些同学发送题目，提交后发挥小组的力量，小组合作，相互帮助解决难题。讲题的同学加深了印象，重新复习一遍思路；听题的同学一边听一边加上自己的思考，也可以解决问题。每个人都有收获。

英语课上，不会的知识点可以通过平板提交给老师，由老师或会的同学进行讲解，提高了我们学习的主动性，从而提高了英语成绩。

总之，智慧课堂提高了我学习的积极性、主动性，也提高了我的学习成绩，感谢学校实行了智慧课堂！

认识和体会是发自内心的，对小组合作学习和翻转课堂的认可，是实实在在的。

之前转学到外校的学生，其家长又想将他们转回来，一些外校的学生也慕名想转学而来。

2016 年 11 月，我应邀代表临沂十一中在中国教育学会初中教育专业委员会第 18 次学术年会上，作了题为“看似寻常最奇崛，成如容易却艰辛”的智慧课堂教学改革实验报告。我没有想到，幸福来得这么突然。我更没有想到，幸福接二连三地来敲门。

《中国教师报》《中国教育报》《山东教育》《临沂日报》等国家级、省级、市级的媒体相继报道我们的课改。

沈阳市教育家协会“互联网＋教育”考察团、广东佛山三中、

江苏华侨双语学校、临沂三十中学、郯城街道中学、天津堤头中学、沈阳广全中学、临沂第十中学、广东番禺区实验中学、安徽省霍山二中、济钢高级中学、青岛经济技术开发区实验初级中学、莒南七中、费县博文学校、费县街道城北中学、费县实验小学、临沂朱保中学、上海市怒江中学、临沂经济技术开发区教育局教研室、平邑县教育局、临沂沂州实验学校、临沂第三十三中学、广东广雅中学、费县二中、四川洪雅中学、临沂外国语学校、临沂汤河中学、菏泽市教育局考察团、临沭县教育局考察团等上百家单位纷纷走进了临沂十一中考察学习。

临沂市电教馆馆长徐万东和山东省电教馆馆长王书勤多次对我们的课堂改革给予充分的肯定。中央电教馆原党委书记、馆长王珠珠莅临临沂十一中，走进我们的课堂，并语重心长地告诉我们："要围绕服务教育改革大局、服务学校师生及服务教育数字经济发展，担当使命，继续攻坚克难，作出更大贡献。"

打造
最美乡村中学

DA ZAO ZUI MEI XIANG CUN ZHONG XUE

初到新桥中学

正当十一中的课堂改革进行得如火如荼时，怎么也没想到，局领导把我任命为临沂新桥中学的党支部书记和校长。

记得领导同我谈话时，这样告诉我：临沂新桥中学位于兰山区西北角，是一所典型的农村薄弱学校，全校教职工平均年龄45周岁，师资力量薄弱。派你去，就是想让你带领新桥中学的师生员工，发扬“不怕苦、不怕累”的拼搏精神，让新桥中学焕发出勃勃生机，打造农村中学的样板学校。

尽管领导给予了我无穷的动力，但那一刻，我却是迈着沉重的步伐离开了领导办公室。

在兰陵长达七年的夫妻两地分居，亏欠妻女的心情一直折磨着我。来到兰山的那一刻，我们一家人相拥而泣，一家人总算团圆了。刚过上时间不长的团聚生活，现在又要我扎根乡村中学，背井离乡、形单影只，一时间，一股难以压抑的苦涩在我心海里涌起。

回到家，我难以控制自己，把领导与我的谈话向爱人说开，争取她的理解。

爱人问我："你了解新桥中学吗？"

我摇了摇头。

"离家遥远，路途颠簸，我真的不想去。"面对妻子，我说出了心里话，"你给了我太多的支持，但我给你和女儿的实在太少，我这一去家里好多事情又得你来承担。再说，临沂十一中的课改已经取得了阶段性成果，我也不想就此放弃。"

"放心去吧，家里有我呢。领导让你去一定是有道理的，你不是一直说服从组织安排嘛。"爱人安慰我。

就这样，2017 年 8 月 28 日，我带着领导的嘱托和信任，带着爱人的激励和体贴，开启了又一个新征程。

走在去新桥中学的路上，我想：临沂新桥中学虽说是一所偏僻的乡村中学，但近几年来，国家对乡村中学的重视程度越来越高，投资越来越多，学校的硬件建设和城里学校相比一定差不了多少。然而，当我驻足观察眼前的新桥中学时，其现状还是令我大吃一惊。

我报到的当日刚刚下完一场大雨，因楼前楼后没硬化路面，坑洼不平的路上积满了雨水，让人难以下脚。

……

此情此景，让我心生感慨：振兴临沂新桥中学的突破口在哪里啊？

坐在办公室里都是困难，走出去总会有办法。

秋季开学的日子来了，看看陌生的教师，脸上似乎都写着老气横秋；看看学生，脸上似乎也没有朝气蓬勃。

想找老师们聊聊，找到振兴的突破口，可是，未容我走近他们，他们竟面无表情地转身就走。

老师们怎么这么排斥我？问题出在哪里呢？那几日，我苦思冥想。

有天凌晨 5 点多，我起床洗漱后想下楼转转，看看即将上早操的学生。我噔噔噔地下楼梯，迎面碰上一位老教师。

“老师早，您贵姓啊？您怎么来得这么早啊？”

“孟校长，我在南坊居住，是七年级的班主任。我放心不下学生，就赶过来了。”

“那您每天几点起床啊？”

“四点。”他的眼睛里，竟有一丝羞涩。

“那您每晚几点休息啊？”不知何故，我觉得很神奇。

“查完学生晚休，开车到家得十点半，洗漱完毕，就得十一点多了。”他的脸微微泛起红晕。

一位年过 55 周岁的老教师，精力和体力是没法和年轻教师相比的。然而，是什么精神激励着他不顾劳累，每天只休息不足 5 个小时，还如此精神饱满地忘我工作呢？

真的，那时的我，好想拥抱一下这位老教师。

“这里，您没有休息的地方吗？”我顺便问。

“这……”他左顾右盼，低下了头。

“有什么要求您尽管提，我会尽量解决老师们的后顾之忧。”

“我……”他刚抬起来的头，又低下了，“校长，我想到学生宿舍楼下看看学生。”

看着这位老教师，要说不心酸那是假的。

连续几日，我观察到，每到吃饭时间，老师们都跑到校外的路边摊或小餐馆里就餐，因为那时的新桥中学，只有学生餐厅，没有教职工餐厅。每到饭点，值班的老师要看着学生就餐完毕才能吃饭，而此时，饭菜已凉，或所剩无几。

那时的我，真的流泪了：老师们怎么这么老实啊！居无定所、吃饭没地儿，对这些基本生活困难都默不作声。说什么也得解决他们的后顾之忧，否则，振兴新桥中学就是一句空谈。

那几日，我跑教体局，跑当地党委、政府，想着能跑来一笔资金，给老师们改善一下休息条件和就餐环境。

在教体局和当地党委、政府的帮助下，我将废弃不用的原女生公寓改造成教工宿舍，又安装了空调和太阳能。同时，在学生餐厅二楼靠西的地方，我们安装了隔断，买来餐桌餐具，配置了新灶台，聘请了厨师，又通过餐饮公司，请来了服务员，崭新的教师餐厅一应俱全。

宿舍有了，教职工餐厅有了，开业大吉的时刻到来了。

那天，走读的老师人人都笑逐颜开，脸上闪着幸福的光。

一位当班主任的体育老师，家住罗庄区，以前每天要往返四十公里，这不，他正哼着小调儿带着行李朝宿舍快步赶去。

其他居住在费县县城和临沂城区的老师们都喜气洋洋地来“安家落户”了……

教职工新餐厅开业那天，不值班的老师高呼着“开饭喽——”走进了餐厅；值班的老师看着学生吃完饭后，再赶往教工餐厅，品尝着可口又热乎的饭菜，抬头看着电视里播放的新闻，心有所感地说：“第一次，第一次啊！第一次值班后能吃到这么热乎、香甜、可口的饭菜！”

看着老师们吃得那么香甜，我指着墙上的意见簿，询问就餐的老师：“可口吗？需要怎么改进您告诉我，要是感觉不方便，您就写在意见簿上，我们一定改进，一定让您吃到满意的饭菜。要是您想单独小炒，就提前告诉年级主任。年级主任统计好后，准时报送给教工餐厅。”

闻听此言，一位女教师激动地说：“校长，现在这样，我们就很知足了啊！”

是啊，教书育人的老师们太容易满足了，仅是让他们居有定所、吃饭有地儿，就已经让他们很知足了。

更让我惊喜的是，家属院里的老师们，被教工餐厅飘出来的香味吸引过来，纷纷赶到教工餐厅就餐。

“老师们太容易满足了。”这句话绝不是言过其实，仅为老师们办了这点实事儿，见我就躲的老师们开始走近我了。

“孟校长，您是有格局、有大爱的好校长。”有的老教师见了我的面，向我伸出了大拇指。

“孟校长，您说吧，要我们怎么干？”有的中年教师见了我的面，这么对我说。

“孟校长，我们知道您在观察我们，我们也在观察您啊。我们都别再相互观察了，是时候拿出您的治校方略了。”有的年轻教师见了我的面，直言不讳地这样对我说。

这才几天啊，老师们尘封已久的心就被打开，主动工作的热情就被点燃了。

最美规划

要想工作好，首先得身体好。教师是人不是神，他们也需要修身养性、陶冶情操。

为了教师的身体健康，解除教师职业病痛，学校聘请了专业瑜伽老师，让女教师课余时间在瑜伽室里健身；还聘请了专业太极教师，让男教师课余时间练太极……

人心换人心。当我将一颗赤诚之心捧给老师们，他们冰封已久的心终于融化了。有一天，几位老教师相约来到我的办公室，诚恳地对我说："孟校长，我们看到了，您是真心为了老师们好，为了学生的终身发展奠基，为了学校的振兴发展。"

难得几位老教师这么主动，我心里一阵高兴：这正是我想要的啊！

那天的课间操后，我将几位老教师、部分学科带头人和部分中层教干请到小会议室，开门见山说出了我的心里话：“老师们，来新桥中学报到前，局领导就告诉我，新桥中学办学规模大、生源多，校舍建设在乡镇中学中也是数得着的，可是中考成绩却不尽如人意，每年的高中进线人数才四五十人，最好的年份，高中进线人数也才八十多人。就因为这个，学校的社会满意度不高，当地党委、政府也不满意。是什么原因造成了今天这种局面？我想听听大家的意见。”

听我这么一说，小会议室里沉默了很久。

一位老教师张了张嘴，想说什么，环顾四周后，又低下了头。

总得有人打破沉默。我站起身来，坐在这位老教师身边，拉着他的手说：“在新桥中学，我第一个认识的人是您，您能否谈谈？”

我这么一说，这位实诚的老教师唰地脸红了。“孟校长，那天我上晚自习，在教室里来回查看学生作业时，无意间发现您在窗外听我的课，我不知道我讲得如何，我太想听听您的意见了。我听说，您是山东省教学能手，还是给我提提意见吧，我好改进。”

听这位老教师这么一说，其他教干教师也都打开了话匣子：这个说，那天他讲课时，也无意间发现孟校长站在窗外听课；那个说，那天他下课后，听靠窗的学生说，孟校长拿着小凳子，坐在窗外听了一节课……

尽管这些老师讲课方法传统，理念陈旧，但面对这些淳朴、真诚的老师，我不能打击他们的工作热情。要从根本上转变他们的观念，改变教与学的方法。只有如此，新桥中学的学生才不会流失到周边乡镇学校；唯有如此，振兴临沂新桥中学才有希望，才能给学生家长，给社会各界交一份合格的答卷。这一切，都需要学校制定出切合实际的发展规划。

那天的会议持续了整整一上午，午饭时间都过了，大家还意犹未尽。

直到下午第一节课上课的铃声响了，老师们的发言还接连不断。

散会的那一刻，我想以个人名义请他们吃顿饭，他们谢绝了我的好意。

多么令人感动的老师啊！

这样的座谈在短短的一个学期里，记不清开展了几次，但每一次的座谈，都为学校发展描绘着宏伟的蓝图，后来我将老师们的发言进行了细细的梳理，提炼出了临沂新桥中学的治校方略和发展规划。

治学方略

1. 办学理念：办一所学生发展需要的学校，让师生过一种幸福完整的教育生活；

2. 办学目标：打造最美乡村中学；

3. 办学宗旨：名师立校、科研兴校、质量强校、文化润校、特色靓校；

4. 办学思想：回归本真做教育，守住传统创特色；

5. 一二四管理思路：

一个目标：打造最美乡村中学；

两个重点：以课改促质量提升，以课程促特色发展；

四项工作：安全管理、教师发展、学生成长、三个样子（学校要有学校的样子，教师要有教师的样子，学生要有学生的样子）。

学校发展规划

近期目标（2017.09—2019.09）

书香校园："读"上花开，开展背读、唱读、演读等多彩活动。

智慧校园："点"上出彩，课堂尝试"教育＋互联网"，培植典型；校园管理尝试无纸化办公，为实现教学、教研、管理、校园生活一体化定点实验。

中期目标（2019.09—2022.09）

书香校园："写"上花开，写考场作文、文学作品、杂文、随笔等。

智慧校园："面"上出彩，课堂实现交互式、精准化、大数据分析，教学、教研、管理、校园生活一体化。

这些策略和规划，都是老师们集体智慧的结晶。

带着治学方略和学校发展规划的草稿，在小会议室，我再次召开了座谈会，再次倾听他们的意见，做进一步的修改和完善。

拿着初稿，与会的老师们个个都惊呆了。

"打造最美乡村中学，我们是第一次听到这么振奋人心的口号。"一位早已转岗、即将退休的副校长这样感慨。

"这是我们努力的方向和目标，太振奋人心了。"进入临沂新桥中学后，第一次和我倾心长谈的那位老教师没能控制住自己的情绪，兴奋地拍手叫好。

……

无须过多描述了，那天，在学校综合楼大会议室里，我激情澎湃地向全校教职员工公布了治学方略和学校发展规划。

当看到主席台上清晰的治学方略和学校发展规划，听到我激情饱满的演讲时，老师们的激情被点燃了。

这是我给全校教职工开的第二次大会。第一次是我报到的见面会，那时气氛沉沉，特别压抑；而这次的鼓动会却是这样振奋人心。两相比较，我内心感慨颇深。

人换思想校换装

班主任是班集体的组织领导者，是学校教育教学工作推动的主力军。他们的工作热情和班级管理的技巧方法，直接影响到班集体的整体状态和学生的个性发展。

基于这种认识，当得知教育家魏书生要在日照市金海岸小学举行报告会时，我就让分管校长带队，带领部分优秀班主任远赴金海岸小学取经。临行前，我对他们说："我盼望诸位优秀班主任取经成功！"带着这份美好的期盼，十几位优秀班主任出征了。

短短两天的学习很快就结束了。那晚九时许，当他们拖着疲惫的身躯，风尘仆仆地回到新桥中学时，万万没有想到，站在校园里的我，正满怀期待迎接他们呢。

我也没想到，他们并不着急回家，而是从背包里掏出了学习笔记，谈起了学习心得体会，激动又兴奋地对我说："孟校长，我们真的是不虚此行，不过，我们总感觉目前班主任队伍缺少点凝聚力。”

他们心中所想的，也正是我心中所想的：“下个周末，全校班主任一起拓展训练，提振士气，凝聚人心，你们意下如何？”

“哈哈哈……”他们开怀大笑起来，“一花独放不是春，万紫千红春满园。孟校长，这就是我们在回来的路上形成的统一意见。没想到，您想到我们前头了。”

那个周六的早晨，艳阳高照，全校教干、班主任，浩浩荡荡地开进了大山里边的拓展训练基地，开启了团队凝聚力训练。

记得我们在拓展训练营里开展的第一个活动，是拼图活动。

6 人一组，临沂新桥中学的教干、班主任被分成了若干组，其中一组为协调指挥组。

这项活动的规定时间是 6 分钟，6 分钟内各小组全部完成各自的拼图，才算集体完成任务。

“开始！”主持人一声令下，各小组手忙脚乱起来，因为各组根据样本要拼凑出本组的完美拼图，必须到其他组寻找拼图所需的零件，主持人早已把各组拼图的零件混杂在一起了。谁不想尽早完成拼图啊，于是，A 组跑到 B 组找所需的零件，B 组则跑到 C 组找所需的零件……可笑的是，指挥组竟忘记了自己的职责，跑出指挥组给各小组找零件去了……

“时间到！”各组还没找齐所需的零件呢，主持人就吹响了停止的哨音。一时间，我们都面面相觑。“知道你们未完成任务的原因吗？”主持人双手叉腰，厉声问我们。

大厅里死一般的沉寂。

“你们都好好想想！”主持人的目光投向了指挥组的同人们。

“我知道！”一位老教师突然举起了右手，“我们各组只想着尽快完成任务，却忘记了要完成这个任务的技巧。假如指挥组指挥着A组先完成任务，缺少啥零件，就尽快报告，其他组迅速寻找，给予积极配合，帮助A组完成任务。以此类推，各组的任务很快就完成了。”

“能告诉我这个游戏的意义吗？”主持人大喜过望，将话筒递给了这位老教师。

“统一指挥，团结一致，要有一盘棋的思想。”这位老教师大胆说出了心里话。

“是啊，只要我们统一指挥，团结一致，就能真正地振兴临沂新桥中学。”走出活动大厅的那一刻，我听到了老师们发自肺腑的感慨。

在拓展训练结束后回校的路上，已明白我良苦用心的教干、班主任跟我说：“孟校长，我们通过听魏书生老师的报告和拓展训练，明白了许多许多。现在的我们思想迫切需要改变，行动更应该跟着改变。我们也清楚地知道临沂新桥中学是个大家庭啊，唤醒所有的教师和学生得有多难啊。”

“放心吧。”我笑着回答。

很快，一场学生励志报告会在学校运动场举行，近四千名师生及家长被主讲人的激情演讲感染了。在主讲人动情的演说中，孩子理解了父母的深爱，感受了父母的辛苦，他们忘情地拥抱着父母，痛哭失声，尽情倾诉："妈妈，我一定好好学习，今后再也不贪玩了。""爸爸，今后您和妈妈别在烈日暴晒下割草喂牛了。我一定戒掉游戏，好好学习，报答您和妈妈的养育之恩。"家长们听着自家孩子的悔过之音，搂着已经长大的孩子，任凭泪水在眼角肆意流淌。父母与孩子紧紧拥抱在一起……

在这之后，学校又邀请了山东师范大学学科专家陆续走进校园，把先进的教育教学理念传授给每位教师，同时根据学科情况派出教学骨干赴省内外参观学习，感受名师的课堂魅力。

有一天，张仁锴、张淑琳两位老师来到我的办公室："孟校长，近期我们外出听课确实受益匪浅，通过学习，我们认为小组合作学习应该是咱们学校提高课堂质量的突破口。"

"为什么？"我明知故问。

两位老师从生源质量到学校目前的课堂状态，再到老师们的执教技能，向我作了详细描述。

为广泛听取教师及学生关于学校发展的建议，我设立了"校长有约"办公室。从管理到教学、从前勤到后勤，详细听取老师和学生对学校的建议。

有的老师建议：尽快开展小组合作学习。

有的老师建议：现在最紧迫的是振奋全校师生的信心。

有的学生提出：每次去餐厅都拥挤不堪，高个的同学生夺硬抢，矮小的同学总是吃亏。

每次的“校长有约”，我都详细记录，认真对待每一条建议，珍惜每一个关于学校发展的金点子，尊重理解师生，让他们敢于进言善于进言，让他们成为学校发展的主人。只要师生提高觉悟认识，学校就有了发展的希望。

学校要发展，硬件也要提升打造，这也是提振师生士气的重要方面。

学校东侧没有院墙，依靠的是村民商品楼后墙，高低不等参差不齐，多年失修破败不堪，每每从此路过，心里总是不舒服。

南院墙，地基不牢，墙体已经倾斜。

学校大门样式陈旧，破败不堪，急需重建。

门卫室是预制水泥板结构，墙体多处损坏，夏天闷热，冬天冰冷，重建已经刻不容缓。

新启用的综合楼，楼前楼后坑坑洼洼，急需平整硬化。

……

每一项工作都迫在眉睫。

那些日子，我没黑没白地跑教体局和当地党委，汇报学校发展困难，寻求政策支持。

经过多次向领导汇报，以上问题终于得到领导高度关注，给予了资金支持。

有了资金，学校东院墙建设了小水渠，栽植了刚竹。四季常青的刚竹长势喜人，遮挡住参差不齐的居民楼后墙，师生从此处路过，仿佛徜徉在大竹海。开放式的南院墙向群众敞开了胸怀；综合楼楼前楼后的路面也硬化了；楼后的紫藤长廊和英语角里也早已游人如织，课休时间，那里常常飘荡着醉人的读书声。

综合楼一楼大厅和各个楼层的墙壁也利用起来。学校买来书架和长椅，将学生爱读的书从图书室搬出来；发动学生捐书，倡议爱心人士捐书。于是，开放的图书馆在综合楼一楼大厅呈现出来。

综合楼每层的走廊墙壁，我们都用古诗词作了装扮，从先秦到明清的经典诗句，分别张贴在学生经过的墙体上，实现了学生不必远行也有诗意相伴的惬意。

学生们太喜欢这种图书阅读了，课余时间，很多学生拿着笔记本，蹲着身子，认真抄录这些古代优秀诗词。每次看到这些求知若渴的学生，我就忍不住用手机拍下这些画面，发到朋友圈里炫耀一番，还忍不住感慨："有人说农村的孩子不好学，瞧，学生抄录诗词的姿态就是最好的回击！"

后来，我还专门为这些孩子举办了诗词"飞花令"，让他们过足了背诵古诗词的瘾。

看着如此勤奋好学的学生，再想想积极向上的老师，我心生豪迈：随着"人换思想校换装"的精心推进，全校师生员工的热情被点燃，工作的幸福指数也不断提高。

打开学校新局面

从哪里下手促进学校内涵发展？

治学方略和发展规划都装在我的脑子里，用小组合作学习和翻转课堂提高教育教学质量是我的既定方针。学校依据《合作学习小组的创建》《合作学习课堂流程》《合作学习的评价》，进行了全员理论学习、集中培训学习，除此之外，学校最需要的就是寻找有热情的实验教师。

想起那天张仁锴和张淑琳来到我的办公室“请战”的情景，我有了主意。

我把张仁锴和张淑琳两位老师叫到了办公室，开诚布公道：“学校的课堂改革就从你们两人的班级开始吧。你们意下如何？”

两人异口同声：“保证完成任务。”

“艰巨的任务就交给你俩了。”我站起身来，给他俩面授机宜。

带着责任和担当，带着振兴临沂新桥中学的希望，两位开路先锋“出征”了。

那几日，我放下了手头其他的工作，天天在张仁锴老师和张淑琳老师的班级课堂上调研听课。

“小组划分就这么分？”拿着小组合作学习指导手册，张仁锴老师问我。

“对，这么分，一帮一或一帮几的布局就有了。”我耐心地给予指导。

“把各学习小组的名称起得响亮些，体现出战斗力、学习力来为好？”张淑琳老师这么问我。

“对，小组文化中的组名、组训、组徽、组规等内容，最好是各有特色。”我笑着对她说。

准备就绪，张仁锴老师的第一节小组合作学习课“开张”了。

我不敢大意，坐在教室的后面，认真记录课堂活动的每一个细节，记下张仁锴老师授课的灵感、沉稳以及仓促；记下学生合作学习的新鲜、刺激、紧张、活跃、不安及不适。这也难怪，毕竟师生都是第一次经历这样的课堂学习。

走出张仁锴老师的课堂，我提着小凳子，又马不停蹄地来到了张淑琳老师的课堂……

深夜，我躺在宿舍里，回忆着两位老师的“精彩课堂”，第二天的指导方案在我脑海里形成了……

就这样，在我的精心指导下，两位老师小组合作学习的课堂渐渐成型了。

榜样就在身边，必须让老师们前来观摩学习，让老师们感受课堂的变化，反思传统课堂的缺点。

随着小组合作学习如火如荼地推进，张仁锴所在班级中一名叫史一童的女生引起了我的注意。她举止落落大方，身为班长、学习小组的组长，时时处处起着模范带头作用。课堂上，她异常活跃，在扎实抓好自身学习的同时，每时每刻都在关注、帮助其他同学进步，她组的同学在她的影响下完成作业的习惯很好，成绩都很突出。看见她，我就不由得想起了临沂十一中的“郁舒婷现象”，没想到，在临沂新桥中学，竟同样出现了“史一童现象”。

榜样的力量是无穷的，必须让榜样发挥引领作用。

每个月的月末，每个班级都要推举出一个优胜合作学习小组，将组员合影制成宣传展板，张贴于各自教室门外的墙上。家长会时，让家长看到自家孩子的优秀。

每个月末，我都会带着“优胜合作学习小组”外出研学，以此振奋信心，激励先进，鼓励干劲。

在临沂新桥中学工作的两年，我带领优秀教师和“优胜合作学习小组”先后到兰陵国家农业公园、孟良崮战役纪念地、八路军115师司令部旧址、沂蒙红嫂纪念馆、临沂商城展览馆、华东革命烈士陵园、大青山战斗纪念广场、沂蒙山革命根据地、新四军军部旧址、银厂惨案纪念地等地进行研学。

我印象最深刻的是第一次去兰陵国家农业公园研学。那日，我带领刚刚评选出的优秀教师 36 人，“优胜小组”组员 104 人，走进兰陵，在植物世界里开始了自然探究的研学之旅。

研学活动中，同学们听带队老师介绍各种植物的名称、生长环境、形态特点等，增长了见识，扩大了视野，直呼：“科技的力量太了不起了！”

现代农业馆里，同学们仔细观察如何利用现代化高科技手段进行无土栽培，认真记录，贪婪地吮吸着知识的甘露，高兴地拍着手说：“以后我要考农业大学，做一名优秀的农业科学家。”

……

这只是众多研学事例中的一例。

这样的研学活动，对全校师生的影响之大，教师姜自波和学生闫佳乐从兰陵国家农业公园研学回来后的话，最能证明。

“不在小组合作学习的新课改里做出点成绩来，感觉太对不住孟校长的一番苦心了。”教师代表姜自波这样说。

“学生的职责就是认真学习，学生的使命就是学有所成，报效祖国。”学生代表闫佳乐这样说。

有了这样的动力，很多班级自觉地进行小组合作学习的探究。

小组合作学习的探究实验不足半年，取得的成就惊呆了所有知情者。

仅以张仁锴执教的 10 班和对比班的成绩对比为例吧。

班级	期中分析人数	语文平均分	语文合格率	语文优秀率	数学平均分	数学合格率	数学优秀率	英语平均分	英语合格率	英语优秀率
10	44	68.02	64.82	5.62	61.3	55.82	46.36	86.98	64.64	34.36
对比班级	44	60.68	50	2.27	58.02	52.27	30.82	76.32	56.09	28.55
班级	期末分析人数	语文平均分	语文合格率	语文优秀率	数学平均分	数学合格率	数学优秀率	英语平均分	英语合格率	英语优秀率
10	44	75.8	56.5	8.67	58.9	58.2	39.2	69.9	49	20
对比班级	44	64.8	36.0	0	48.3	38.6	22.4	44.8	26	6.28

真是不比不知道，一比吓一跳。

来之不易的成绩，让临沂新桥中学获得了诸多荣誉。

那年的兰山区教体局年终总结表彰大会上，我先后五次走上主席台，捧回了“教育督导先进集体”“教学质量先进单位”“教学质量进步奖”“安全工作先进单位”“工会工作先进单位”五项荣誉。

全校师生沸腾了……

正值岁末年初，在这个欢庆新春佳节的时刻，我们的年度“最美教师”评选也拉开了帷幕，给这个欢乐的春节更添一份独特的喜庆。

评选非常重要的一个环节是网络投票。

将月度最美教师的照片和事迹一一展现在学校公众号里，推送到每位教师和学生家长的朋友圈里，由社会各界根据“月度最美教师”的事迹，选出他们心目中的“年度最美教师”；然后，学校再根据后台生成的网络投票数据进行分析，组织教干和班主任进行投票，按一定票数比例确定“年度最美教师”名单。

我不知道这样的社会网络投票反响如何，也不知道社会效果如何，更不知道正沉浸在新春欢乐气氛里的学生家长是否会积极参与。那些日子，我天天盯着后台的数据，紧张地关注着数据的变化。

令我高兴的是，社会各界对此的关注度和点赞数极高，开始的几天就突破五万票。

更令我高兴的是，在国外工作的曾在新桥中学学习的学生和曾经在这工作的教师，从微信朋友圈里看到临沂新桥中学这一活动时，也给予了关注和点赞。这些生活在国外的学生还将老师们的事迹推荐给了国际友人，国际友人纷纷地竖起了大拇指，也加入了对临沂新桥中学“最美教师”年度评选的网络投票中。

我真的没有想到，给临沂新桥中学“年度最美教师”投票的活动，竟一下子“火”到了国外。

在全校师生及国际友人的积极推进下，短短十几天的时间，对临沂新桥中学年度“最美教师”美篇的访问量达到了1049542次，累计票数达到了114161票。

这可是兰山区偏僻的乡村中学！

上图就是当年的“最美教师”美篇投票数据截图。

乘其东风，新年寒假教师集合学习时，我们在综合楼六楼报告厅隆重举行了年度“最美教师”颁奖典礼。年度“最美教师”带着家人，信步走向主席台，身披红绶带，怀抱鲜花，从领导的手中接过“最美教师”证书和奖杯，满脸洋溢着幸福和自豪。

智慧食堂　刷脸吃饭

2018年3月5日，是临沂新桥中学新学期开学的第一天。带着新春的喜气，带着上学期满满的收获，全校2200多名师生员工信心满满地走进了校园。

寒假里，非班主任老师在忙于自我充电的同时，也好好地休息了一段时间；而我，那个寒假却是带病在忙碌中度过的。

我忙着在春季开学前完成智慧食堂建设，忙着给学生家长培训，让家长学会个性化点餐……

建设智慧食堂，源于我对学生就餐状况的观察引发的思考，源于学生家长对我的期待。

刚来新桥中学上任时，我曾一天三次围着学生餐厅转，仔细观察学生吃得饱不饱，详细询问学生吃得香不香。

之所以如此钟情于学生餐厅，是因为我发现学生对食堂的饭菜提不起胃口来。有的学生草草吃几口就倒掉了，浪费特别多；有的学生饭量特别大，一碗米饭或两个馒头几口就咽下去了，走出餐厅了，嘴里还念念有词：“没吃饱，没吃饱。”

是什么原因造成了这种局面？原因很简单。

临沂新桥中学是寄宿制乡村中学，全校两千余名学生一日三餐都要在学生食堂就餐。学生基数太大了，食堂工作人员又少，对学生只得实行分餐制。所谓分餐制，就是将食堂的大锅饭菜按六人一组分配到学生餐桌上，再由学生平均分配到每个学生的餐具里。如此一来，诸多弊端就暴露出来：饭菜品种单调、口味单一，无法满足个性化就餐。

如何改变这一局面？思来想去，我想到了智慧食堂。

我曾到吉林一所学校参观、学习过他们的智慧校园建设。那时，我就被他们的智慧食堂惊呆了。

改变临沂新桥中学学生食堂饭菜品种单调、口味单调、营养不均衡、健康不可控和个性化就餐无法满足的现状，唯有智慧食堂。

本着这一初衷，寒假中我申请资金，完成了智慧食堂建设。

我通过班级、年级、学校三级家委会，召开了全校家长会，下发了介绍利用智能手机给学生点餐技巧的小册子。同时，我还走上6楼报告厅的主席台，耐心详细地向学生家长讲述了建设智慧食堂的意义和必要性。

记得太清楚了，那天，我站在主席台上，拿着小册子，利用大屏幕，向学生家长一一展示课件中每一张页面的内容。我手持话筒，用感应笔慢慢点放着课件，对学生家长说：“简单说，智慧食堂就是互联网＋食堂，就是学校、学生、家长三方共享的智慧食堂。临近开学前一周，我们学校会在公众号‘智慧食堂’板块推出A、B、C、D、E、F共6种套餐，每份套餐都是两份主菜和一份主食，同时，配有少数民族子女和特殊体质食用的套餐。家长提前一周给自家孩子个性化点餐后，学生到学校就餐时，就可以到对应的窗口刷脸领取自己的套餐了。对学校及食堂而言，学校可以通过后台生成的数据，对食堂的运营及管理进行智慧监管。”

我还没讲完呢，学生家长就拿出智能手机，纷纷扫描电子显示屏上的二维码，添加关注学校公众号。

培训快结束的时候，大屏幕上播放了外校智慧食堂学生就餐的盛况。

培训结束后，我走下主席台，想回办公室休息休息，没想到，家长把我包围了。

“孟校长，我添加了临沂新桥中学的公众号，到哪里找智慧食堂板块啊？”

“孟校长，我不能擅自主张啊！我得回家和孩子商量商量，看看每顿他想吃啥再订餐啊！”

……

那天，我完全忘记了疲劳和辛苦，一一给学生家长作了解答。

学会如何给学生个性化点餐的家长，兴高采烈地离开了校园，身后留下了他们对我和学校的认可：“孟校长给咱和孩子办了件大好事。”

开学已近，学校公众号智慧食堂终于推出套餐了。

看着有这么多好吃的，学生刘镇豪的妈妈抱着智能手机，和刘镇豪一起仔细研究了学校智慧食堂推出的6种套餐，镇豪妈妈语重心长地对孩子说：“镇豪，你都快成胖墩儿了，得荤素搭配着用餐了，不能依着自己的性子来。你看看这样可好，早餐和晚餐以素食为主，午餐适量吃点肉食，这样不但保证了你长身体所需要的营养，还避免了你因偏食造成的营养过剩，身体发胖。”刘镇豪是个听话的孩子，他从来都是认真采纳妈妈的意见，这次也不例外。

得到儿子的认可，刘镇豪的妈妈轻轻一点手指，就用微信支付完成了餐费的缴纳。儿子再也不用带着现金去学校了，当妈妈的也不用担心儿子上学的路上丢钱了。

就这样，两天的时间，全校学生家长就为自家的孩子选定了套餐。

智慧食堂的数据很快就整理出来了，工作人员迅速行动，从餐饮公司订购了足量食材，满足了学生的个性化就餐需求。

万事俱备，只欠东风。

新学期开学第一天的中午放学后，学生们带着憧憬和好奇，走到各自提前选定的套餐的窗口前，叮的一声刷脸，餐厅内的工作人员就将其套餐端出了窗外。

学生李春雨走到10号窗口前，刷脸后，领到了一只鸡腿和一份炒豆苗，主食是米饭。性格外向的李春雨和同学开玩笑说：“嘿嘿，都说明星靠脸吃饭，今儿个我也过把靠脸吃饭的瘾。”刘铭一走到7号窗口前，刷脸领取了自己喜爱的红烧肉、辣椒炒豆腐和两个馒头后，嘴角都快流出哈喇子了:“红烧肉啊！你可是我的最爱啊！”“你都胖成啥样了，还吃肉？”同班女同学苗惠白了他一眼，“你看看姐，一碗小米粥、一个摊菜煎饼，又香又有营养。”“咱换换？”刘铭一太羡慕那个摊菜煎饼了，同苗惠商量道。“想得美！”苗惠转头走回了自己的餐位。

看到这一幕，用喜悦之情溢于言表形容那时的我，是再恰当不过了。

有的学生因头疼感冒或其他事儿要请假，但又缴了餐费，怎么办？好办啊！学校智慧食堂的工作人员根据班主任报上来的学生请假条，通过网络一键操作，餐费就原路退回到家长手机的钱包里。

一周的时间很快就过去了。

周五下午放学回到家里，刘彤彤家长忍不住问自己的孩子：“吃得咋样？”

“还用问吗？你快给我订下周的套餐吧。今天下午班会时，班主任说，今天上午学校智慧食堂就推出下周的套餐了。”学生擦了一把嘴，“智慧食堂的饭菜比你做的饭菜好吃多了，要不是周末不上课，我才不回家呢。”

“智慧食堂换套餐了吗？不会就那些花样吧？”学生的妈妈还是不放心。

“你看看手机不就知道了。”

学生的妈妈打开手机，瞬间被智慧食堂推出的新花样吸引了：“女儿，快，你看看想吃啥，妈妈这就给你订。”

挑选出自己喜爱的套餐，这名学生感慨道：“智慧食堂的饭菜真香啊！”

336 导学一体

得知临沂新桥中学开办了我省中小学第一家“智慧食堂”，临沂市电教馆馆长徐万东按捺不住内心的喜悦，很快来到了临沂新桥中学调研。

走进校园，徐馆长说：“孟校长，进出临沂新桥中学还得费点周折啊！”

我哈哈大笑着向徐馆长这样介绍说，为给临沂新桥中学安装上第一道安防，我们就在校园大门处设置了智慧安防，全校师生员工全部进行人脸识别，刷脸就能进出校园。教职员工的车辆车牌号全部录入电脑智慧识别系统，进出校园，车牌自动智慧识别。外人及车辆进出临沂新桥中学，须报给学校有关领导，经批准后，安保人员才能放行。

听我这么一说，徐馆长也哈哈大笑起来：“看样子你是想把临沂新桥中学打造成智慧校园啊！”

“这是我的情怀和梦想，我正为此努力奋斗着。”在智慧食堂里，我边给徐馆长介绍着智慧食堂的运营情况，边向徐馆长这样表态。

“不会就这些吧？”徐馆长了解我，“你就没有别的想法？”

“不瞒您说，我们正实验着翻转课堂呢。”这样说着，我不由自主地将目光投向了综合楼的四楼。那里，张仁锴等老师正紧张地探索着翻转课堂的实验。

那年春天，当我筹备翻转课堂实验的各项工作时，家委会的同志给予了我莫大的支持，张仁锴等老师自告奋勇，担当起了翻转课堂实验的开路先锋。

将徐馆长带进张仁锴、邵泽军、张淑琳等老师的课堂，徐馆长就发现了其中的奥秘：“把小组合作学习和翻转课堂融合在一起，这又是你的独创吧！”

“我和老师们正摸索着。”我回答道。

“我等着你的好消息，”离开新桥中学时，徐馆长这样叮嘱我，“提炼出你们独特的东西来。”

徐馆长希望的，正是我和老师们追求实现的。

探究实验的过程是艰辛的。

那些日子里，我记不清有多少次了，当从实验老师的课堂里发现一点闪光点时，我会兴奋地烙印于脑海，回到办公室提炼升华；当课下和实验的老师座谈时，他们一些新颖的想法，我会反复思考后建议他们进行尝试；当我有了新的想法，我则会利用课前吹风会的机会，给实验老师面授机宜……

这期间，山东师范大学教育学部教育技术系副主任、博士研究生导师、副教授李逢庆和尹苗教授、史洁副教授一起，多次莅临临沂新桥中学，对我们的智慧课堂课改给予精心指导。

在各级领导和专家教授的关怀指导下，经全体教师的积极实践，临沂新桥中学智慧课堂“336导学一体教学策略”形成了。

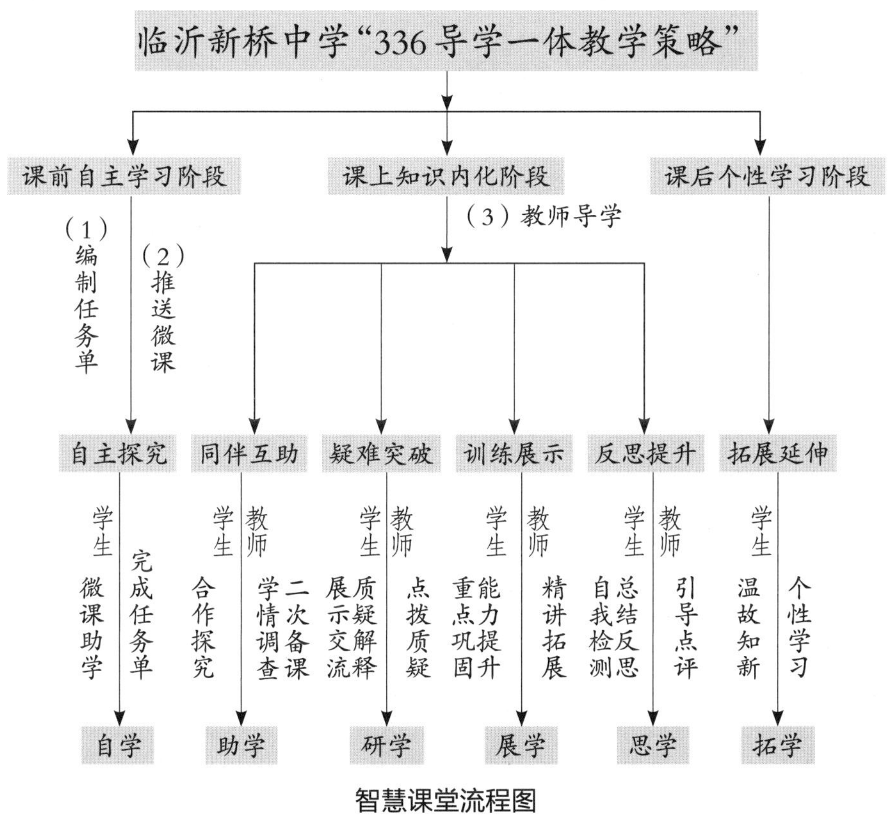

智慧课堂流程图

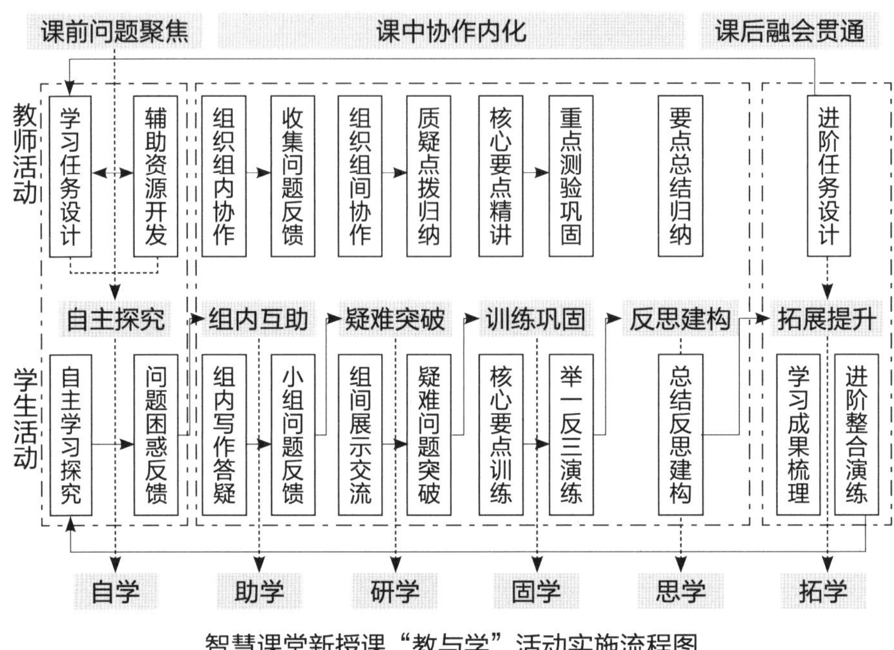

智慧课堂新授课“教与学”活动实施流程图

智慧课堂“336导学一体教学策略”，以突出学生的自主学习、合作学习、深度学习为特征，深入落实以学生为主体的新教学理念：教师课前备课并推送资源，学生自主学习并反馈，教师了解学情并二次备课；课中教师设计各种学习活动，学生小组讨论、交流、点评、训练，完成知识吸收与内化；课后教师反思总结，并形成新的课例，学生对学习成果进行梳理，并对知识进一步进行整合演练。具体表现为：学生学习三阶段（课前问题聚焦、课中协作内化、课后融会贯通）、教师教学三行为（课前提供资源、课中活动导学、课后成果转换）、学生学习六方式（课前自学，课中助学、研学、固学、思学，课后拓学）。

一、学生学习三阶段

（一）课前问题聚焦

简而言之，就是指学生在课前进行自主探究学习，发现、记录并反馈问题的过程。具体包括五个步骤：明确学习目标→教材自学→微课助学→自主测学→问题反馈。

1. 学生利用自习课（住校生）或者回家（走读生）时间，利用教师推送的助学资料及微课视频，明确学习目标，自主学习探究教材。

2. 学生独立、自主完成教师推送的学习任务单，并标识不能理解或者不能完全解决的问题。

3. 学生再次深入探究教材，发现新问题，或者对教材提出自己独到的见解或看法，并写到学案指定位置。

4. 学生将自主学习成果及学习疑难、创新看法等问题拍照上传。

5. 教师利用平板，将学生上传的问题做数据分析统计，对共性问题与个性问题作出相应的解决方案。

（二）课中协作内化

课中协作内化，就是指学生在教师的指引下，展示自主学习成果；小组合作讨论，突破自学疑难；课堂自主练习，检测、巩固知识点；自主梳理总结，形成知识网络的过程。具体表现在四个环节：同伴互助→疑难突破→训练展示→反思评价。

（三）课后融会贯通

建构主义理论认为，教学应该是一个循环往复、不断反省的互动过程，即在教师的促进下，学生积极主动地建构自己对特定事物的理解和体验。经过课前的自主学习以及课堂中对疑难问题的集中突破，学生对知识点的掌握已经基本达标。为了巩固学习效果，进而形成技能技巧，发展学生智力，学生要根据教师提供的拓展练习资源，对本课所学的知识自主进行梳理、总结，以便在头脑中形成前后知识的关联与建构，并以书面的形式落实。

二、教师教学三行为

（一）课前提供资源

顾名思义，就是教师在课前为学生提供自主学习资源。智慧课堂最重要的一点就在于其改变了课堂结构，把学生的自主探究学习放在了课前。要想让学生在课前的学习更加实效，就要求教师必须认真分析教材，仔细研究教法，并将教学目标细化分解、转化为一个个科学有效的学习任务；学生在教师提供的学习框架（课前自主学习任务单）下，自主阅读教材，自主选择教师提供的适合自己学习的配套学习资源（视频、微课、学习素材等），自主探究，通过任务驱动，让学生在完成任务的过程中顺其自然地达成学习目标。

（二）课中活动导学

在智慧课堂结构的第二部分中，教师最重要的作用就是引导学生进行学习成果的展示与交流、疑难问题的讨论与突破、对知识点的整合与建构。教师依托“同伴互助”“疑难突破”“训练展示”“反思提升”四个环节，组织引导学生组内、组间自由讨论，并对学习成果予以展示和检测，然后推送精心设计的课堂练习题，通过学生的自主检测与总结，达到掌握与整合知识点的目的。在这一过程中，教师一方面要对学生的展示与交流情况及时跟进，适时适度评价激励学生；一方面还要引导学生对展示内容相互评价补充，以达到查缺补漏的学习效果。

（三）课后成果转换

作为教学活动的组织者，教师不仅要不断提高专业水平，更要不断提高自己的教学艺术和手段。这些综合素质的提高，得益于教师平时对自己教学课堂的思考与总结。在智慧课堂的第三阶段，教师要把课堂发生的事件做客观、细致、冷静的分析，对相关问题作出研究方案，并以思维导图或者知识列表、课堂小结等形式记录下来，将感性教学转化为理性教学。

三、学生学习六方式

（一）课前自学

课前自主学习，与课前问题聚焦部分大致相同。学生通过对课前学习资料的自主选择，对视频及微课的快进、暂停、后退甚至重复观看，通过在线答疑与老师、同学的互动交流等方式，对教材进行系统深入的自主学习，并找出自学中自己不理解的问题记录下来，弄清新课中的基本内容是什么，这些知识内容在原有的基础上向前发展了什么，明确书中的重点、难点和自己费解的地方。

（二）课中“四学”

1. 助学

对应“课中协作内化”中“同伴互助”环节，即学生在教师的引导下展开小组合作讨论的过程。这一过程要着重关注学生讨论问题的实效性。以数学课学习概念、定理、公式为例，小组讨论的方法为：

（1）组长安排讨论程序。

（2）阅读。独立阅读数学课本中的相关内容。

（3）回忆。两个人都读完后，一个人不看材料，向同伴回忆材料中的概念、定理、公式。

（4）检查。当同伴在回忆时，检查者指出概述中的错误和遗漏。

（5）质疑。一是因问题中某个词语不理解导致不明白问的是什么，二是条件与结论或旧知与新知建构时逻辑推理出现障碍，三是知道答案但语言表达困难。

（6）理解。成员各自举出一些课本外的例子。

（7）建构，完成上述任务后，两个人都要对材料二次学习总结。

2. 研学

对应“课中协作内化”中“疑难突破”环节，即学生在教师的指导下展示学习成果、突破共性疑难、建构知识网络的过程。

3. 固学

对应“课中协作内化”中“训练展示”环节，即教师推送练习题，学生自主完成并反馈的过程。从课堂信息传递来看，存在两次信息转换。从教到学是信息的人际转换，即从教师提供资源到学生自主学习，这是第一次信息转换；从学到学会是第二次信息转换，属于信息的自我转换，即学生对信息的精加工，如将新接收到的信息从短时记忆转换成长时记忆，便于及时提取，并将之从单个新学的概念同化到原有的概念网中，使之结构化。因此，课堂上要留出时间让学生对学到的知识进行多元深加工式的巩固练习，只有这样，学生才能从“听懂”走向“学会”。

4. 思学

对应“课中协作内化”中“反思提升”环节，即学生针对学习内容、学习方法、合作态度等角度，对本节课所做反思的过程。尤其针对学习方法方面，要注意思考总结由范例（例题的代表性、示范性）到变例（变式训练题）的方法，培养由正向思维（直接代公式、顺着想的题）到逆向思维（需变换公式、需逆向思考的题）、特殊思维（给有关生活经验、有隐藏条件的题）、综合思维（一道题用到多个知识点、公式或放到综合范围内看是否混淆的题）的能力。

（三）课后拓学

对应课堂流程中“课后融会贯通”部分，每上完一节课，每学完一篇课文、一个单元，都要及时对所学知识予以巩固并拓展总结。以期对已学过的知识进行系统再加工，发现前后知识的逻辑关系或联系，从而以知识网络的形式在头脑中固化，更为下一阶段的学习做好准备。学生可以查看课堂实录，整理并充实课堂笔记，对所学知识进行归类总结，把自己的想法、思路写成小结、列出图表或者用提纲摘要的方法，把前后知识贯串起来，形成一个完整的知识网，使知识深化、简化、条理化，进而思考它们能应用到哪些方面。通过这样的练习方式，达到由输入（知识的接受者）到输出（知识的生成者）的学习效果。

遵循这一“策略”，实验老师甩开膀子开始大干了。

实验班的期中检测成绩，和对比班相比，超出了所有人的预期。其优秀率高出对比班 20%；及格率高出对比班 38.8%。

智慧课堂　花开满园

没有对比，就不知道厉害。

看着张仁锴、邵泽军、张淑琳等老师的智慧课堂实验取得了巨大的成功，对比班的老师和学生坐不住了，纷纷要求开展智慧课堂教学。

全校开展智慧课堂教学势在必行。

担心家长有顾虑，我主持召开了对比班的家长会议。

那天的家长会，我让被评为“山东省优秀教师”、已担任年级主任的张仁锴老师上了一堂精彩的智慧课堂示范课。

平板教与学的景象，让家长们眼前一亮。一位学生家长看着自己女儿的过人表现，脸上露出了笑容。抓住机会，我和她交流起来。自己孩子在课堂上的表现她是满意的，也是超出她想象的。她说，平时孩子在家里木讷寡言，一直到六年级，老师反馈的情况也都是学生很听话，成绩也不错，但很少主动回答问题。而现在，她看到的是一个面对千余名家长观众依然熟练地使用平板，积极参与到讨论中去，能自告奋勇回答问题并且自信满满的孩子。这让她感到既惊讶又骄傲，虽不知孩子经过了怎样的学习和训练过程，但是她很肯定孩子的变化与智慧课堂有很大的关系。

张仁锴主任将学生提交的答案投影到大屏幕上了。对此，家长们发出惊叹：原来老师对学生当堂练习的把控达到了如此程度。

展示课之后，张仁锴主任班的史一童的家长被邀请上台。

站在主席台上，她有些拘谨，但讲到孩子在智慧课堂上的表现和取得的成绩时，她激动了。

她向其他家长这样介绍说，她的孩子本就活泼开朗，自参加了智慧课堂实验后，因在班级担任组长，组织能力更强了，学习兴趣有了明显提高。更重要的是孩子的成绩从年级九十三名一下上升到了年级前十名，这让她很是开心。

榜样就在身边，家长们对智慧课堂产生了浓厚的兴趣。

学生刘镇豪家长的发言，更是激发了家长们的兴趣。

各位家长：

对于学校这次的课堂改革，我想学生一定是最大的受益者。我的孩子曾经是一个内向而且成绩中游的普通学生。没有出类拔萃的成绩，也没有独当一面的能力，因为成绩一般，所以做事也只是循规蹈矩，上进意识很淡薄，在我看来，这样就形成了一个相对的恶性循环，对孩子成长很不利。望着孩子成绩越来越差，我们做家长的，是看在眼里，急在心里，却又找不到合适的方法。

学校刚开始推行教学改革时，说实在的，我内心还是有些抵触的，毕竟做第一个吃螃蟹的人就要承担更大的风险，如果这次改革成功还好，可若是出了差错，赌上的可是孩子的学业与前途，做家长的哪有不为孩子考虑的？可是经过学校老师对我们进行知识普及后，我们也对这次课堂改革有了一定的了解，打消了内心的疑虑，况且孩子既然对传统的教学方式难以适应，那为何不破釜沉舟赌一赌呢？

对于学校的改革我是最大程度地支持，结果没让我失望。

孩子的成绩不仅与日俱进，从曾经三十余名，一跃成了班级前十，原来的偏科都成了优势科。而且孩子做事待人都成熟大方了很多，原来的他见到生人话都说不顺溜，可如今只要家里来了客人，无论是端茶倒水，还是唠家常，都一副大人做派，俨然一副小主人的样子。望着孩子脸上的笑容愈发灿烂，脸上洋溢着自信，我们做家长的感到欣慰的同时，更有几分惊讶：这合作学习、智慧课堂对孩子成长真的是效果明显！

希望这种新的学习方式能在更多班级、更多学校得到推广，造福更多学子。

趁热打铁，我又推出了新的举措。

家长开放日，热情邀请家长来校走进智慧课堂实验班听课。

……

一番操作下来，家长吃了定心丸，全校 42 个教学班，全部变成了智慧课堂班。

对此，我和教务处的领导老师一起全程跟踪服务，相继展开了大规模的智慧课堂示范课、公开课、达标课……

对智慧课堂的认识，是一个循序渐进的过程，王京芹老师的认识就颇为典型。

智慧课堂之心得

王京芹

学校全面推进智慧课堂教学，我有幸参与其中。转眼间，一个学期已经结束了。回首这一学期智慧课堂的使用，我受益匪浅。从懵懂迷茫到豁然开朗再到收获成长，一路走来，我感受到了智慧课堂的魅力所在。

懵懂迷茫

记得那是暑假前，学校征求教师代课意愿时，我们老师都看到了这样一份征求意愿书："您愿意执教合作班还是智慧班？请在相应位置打对号。"自然，作为我们这些老教师，刚开始，对于智慧课堂和平板，我们是充满困惑的。对于选择是否执教智慧课堂班，我们还是犹豫不决。的确如此，当时很多老师对学校的智慧课堂有些担心，实验，就意味着冒险，有成功，也可能有失败。"平板""智慧"，对我们来说都是新概念，陌生而遥远。智慧课堂，考验的不仅仅是我们的智力，更是我们勇于改变，敢于创新的气魄。以自己的孩子在初三为借口，我决定申请执教初三合作班。

是啊，没有智慧课堂，老师们也都在自己的岗位上兢兢业业，埋头苦干，没有那么多的困惑与不解。但是，在开学的前几周，学校决定在九年级开展平板教学，我也有幸担任智慧教学班的语文教师，真的是既新奇又倍感压力。老师与学生在课堂上每人手捧一个平板，将知识与科技融合，这在以前估计是我们想也不敢想的场景。

此时的我，还没开学，我就开始“怕”上课，对于智慧班该如何用平板授课感到懵懂困惑。

豁然开朗

“工欲善其事，必先利其器。”我必须尽快掌握先进的教学工具与方法。在学校集中培训时，我积极学习智慧课堂的相关知识，并向技术人员虚心请教，随时也向周围有经验的教师请教。经过两天的学习与实践，我深深感到智慧课堂对老师提出了更高的要求。新的教学模式——“智慧课堂”，更追求高效教学，最大限度地发挥课堂教学的功能和作用。

我的智慧课堂之旅启程了。实验开始，不知道用怎样的教学模式，只是简单地使用平板。后来，通过实践、学习、尝试、探索，在智慧课堂的教学中形成了自己的一些做法。对于一节新课的智慧教学，我的步骤是这样的：课前预先发放预习资料及新课的任务单，让学生查阅，通过批改习题的整体情况，进行对本节课的备课准备；课上我用平板做到和屏幕、学生平板同屏的操作，还使用随机提问的作答方式，并进行数据的统计处理等功能，每个学生答题正确与否、速度快慢都能真实地反映在我的平板中；课下我直接从平板上推送作业给学生，学生用平板提交。期中考试前，我和我智慧班的学生合作了一次智慧课堂汇报课，虽然没有预想的那么顺利，中途也出现过操作失误，但是这并没有影响到学生学习的积极性。毕竟，随着前面一段时间的磨合，学生已经基本适应这种学习方式。在课堂中，学生通过同伴互助、疑难突破、训练展示、反思提升四个环节，能够保证跟45分钟课堂要效率。对于智慧课堂，学生适应得很快，兴趣也很高涨。

一路走来，我终于从开始的激动、不知所措到现在的豁然开朗；从刚接触时的陌生到现在迫不及待地盼望上课……智慧课堂，让我不再困惑！

收获成长

在一步步打磨课堂模式中，我对平板的操作越来越自如，越来越发现其中奥秘无穷。我积极与同事交流，向使用平板的老师继续求教取经。每有发现，都有莫名的喜悦，都越佩服甚至仰慕自己同事们的睿智与先进。这份佩服与仰慕，又像一根鞭子，鞭策着我不断前进，促使我更勤奋更刻苦。

在我的智慧课堂上，学生热烈讨论发言，争先恐后，主动上台讲解，思路清晰，课堂语言规范流畅，俨然就是一位真正的小老师！学生真真切切地感受到了智慧课堂的魅力所在！智慧课堂，他们学会了竞争，学会了分享，学会了创造，学会了合作！是小小的平板，带给了他们丰富的知识，带给了他们无穷的智慧，带给了他们合作竞争、创新的精神！

智慧课堂，一切皆有可能！

短短几个月的时间，课堂教学的形式多了、新了，学生的学习兴趣有了、浓了，师生间的氛围和谐了、轻松了。有段日子，学生在上课前，总是提前派人到办公室要求："这节课，我们用平板上课啊！"其实，我也盼着上课，不再是之前的愁眉苦脸，因为我有了充分的准备，期待着到学生那儿展示自己的成功感。学生也盼着上这节课，因为上课总能给他美好的感受。

那段时间里，我思考着，成长着，收获着，快乐着！尽享智慧课堂的智慧大餐后，方才明白，智慧教育原来可以如此精彩！智慧课堂，让我信心百倍！

现在，作为新桥中学智慧课堂的第一批教师，我内心感到无比的喜悦与自豪。我与智慧课堂共同成长。相信通过大家的共同努力，智慧课堂教学必将逐步走向成熟、趋于完善，进而让"每一个生命都精彩绽放"！

也就是因为有了这样的认识，临沂新桥中学一大批智慧课堂教学能手脱颖而出，呈现出群英荟萃的局面也就不足为奇了。

老师们的智慧课堂教学效果，恕我笔拙，难以描述，单就他们的任务单设计就可看出新意。

不等式的性质自主学习任务单

主备人　张仁锴

<table>
<tr><td>科目：数学</td><td>年级：七</td><td colspan="2">主备人：张仁锴</td></tr>
<tr><td colspan="2">学习小组：</td><td colspan="2">姓名：</td></tr>
<tr><td>学习目标</td><td colspan="3">1. 经历发现不等式性质的探索过程；
2. 理解不等式的性质。</td></tr>
<tr><td>学习重点</td><td colspan="3">不等式的性质和解法。</td></tr>
<tr><td>学习难点</td><td colspan="3">不等号方向的确定。</td></tr>
<tr><td colspan="3">学习过程</td><td>学生学习活动记录</td></tr>
<tr><td colspan="3">一、课前预习
阅读 116—117 页课本，然后观看微课，完成课前检测。</td><td></td></tr>
<tr><td colspan="3">二、自主交流　探究新知
类比等式的性质，你发现了什么规律？
性质 1　不等式两边加（或减）同一个数（或式子），不等号的方向________。
即　如果 $a>b$，那么 $a\pm c$______$b\pm c$.
观察（3），类比等式的性质，你发现了什么规律？
性质 2　不等式两边乘（或除以）同一个正数，不等号的方向________。
即　如果 $a>b$，$c>0$，那么 ac____bc（或 $\frac{a}{c}$____$\frac{b}{c}$）.
观察（4），类比等式的性质，你发现了什么规律？
性质 3　不等式两边乘（或除以）同一个负数，不等号的方向________。
即　如果 $a>b$，$c<0$，那么 ac____bc（或 $\frac{a}{c}$____$\frac{b}{c}$）.
【思考】①比较上面的性质 2 与性质 3，它们有什么区别？</td><td></td></tr>
</table>

（续表）

<table>
<tr><td>性质 2 的两边乘或除以的是一个_______数，不等号的方向_______变；而性质 3 的两边乘或除以的是一个_______数，不等号的方向_______变。
②比较等式的性质与不等式的性质，它们有什么异同?
等式的性质与不等式的性质 1、2，除了一个说“等式______”，一个说“不等号______”的说法不同外，其余都______；而不等式的性质 3 说“不等号______”，这与等式的性质说法不同。
检测：学生自主完成
根据不等式的性质，把下列不等式化为“$x > a$”。
或“$x < a$”的形式。
1. ① $x-1>2$　② $-x<3$　③ $x+3<-1$　④ $3x>27$

2. 下列不等式变形，正确的有____
①$\because a<b$，　$\therefore a-b<0$；
②$\because a<b$，　$\therefore a+b<2b$；
③$\because a<b$，　$\therefore -2a<-2b$；
④$\because -2a>0$，　$\therefore a>0$；
⑤$\because a<b$，　$\therefore ac<bc$；</td><td></td></tr>
<tr><td>三、自主应用　巩固新知
1. 设 $a>b$，用“$<$”“$>$”填空并回答是根据不等式的哪一条基本性质。
（1）$a-3$____$b-3$
（2）$a \div 3$____$b \div 3$
（3）$0.1a$____$0.1b$
（4）$-4a$____$-4b$
（5）$2a+3$____$2b+3$
（6）（m_2+1）a____（m_2+1）b（m 为常数）</td><td></td></tr>
</table>

（续表）

2. 已知 $a < 0$，用“<”“>”填空：

（1）a+2 ____2　　（2）a–1 _____–1

（3）3a______0　　（4）–______0

（5）a2_____0　　（6）a3______0

（7）a–1_____0　　（8）|a|______0

训练展示　能力突破

【例 1】利用不等式性质解下列不等式，并把解集在数轴上表示出来。

（1）x–7>26　　（2）3x<2x+1

（3）x>50　　（4）–4x>3

四、课堂检测　自主总结　能力落实

五、课堂作业　P120　3、4、5（《自主学习》对应练习）

李群是位五十多岁的老教师，但他却不服老，迅速成长为智慧课堂的一名行家里手。

课前自主学习任务单

主备人：李群

一、学习指南
1. 课题名称：《从百草园到三味书屋》
2. 达成目标：自学课本和完成《自主学习任务单》规定的任务。 （1）整体感知课文内容，体会作者在文章中表达的感情，积累字词。 （2）掌握本文写景的特点。
3. 学习方法建议： （1）结合教学视频与《自主学习任务单》，明确每个环节的学习任务。 （2）学习过程中可以对微课教学视频进行播放、暂停、快进、重复等操作，根据个人掌握情况学习。 （3）视频学习完成后，完成自学检测。
4. 课堂学习形式预告：组内交流—合作学习—拓展提升—反思评价
二、学习任务
任务一：自主学习，完成下列各题 1. 走近作者 鲁迅，原名________________，字豫才，浙江绍兴人，我国伟大的______、______、______。 有小说集______、______、______。散文集《朝花夕拾》，散文诗集______，杂文集《坟》等，都收在《鲁迅全集》里。 2. 读准下列字音。 菜畦（　）　皂荚（　）树　班蝥（　）　臃（　）肿　攒（　）成 锡箔（　）　桑葚（　）　收敛（　）　脑髓（　）　秕（　）谷 人声鼎沸（　）　拗（　）过去　系（　）一条长绳

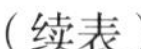
（续表）

任务二：再读课文，合作探究。

1. 本文题为“从百草园到三味书屋”，你从这个题目得到了哪些信息？
2. 全文作者回忆了童年在百草园和三味书屋的生活，朗读全文后谈谈你对作者笔下的百草园和三味书屋的看法。可用“__________的百草园”；“__________的三味书屋”的形式说出来。并从文章中找出你的理由。
3. 作者为什么说百草园是他的乐园？从文章中找出你的理由。

任务三：研读第二自然段，掌握本文写景的特点。

这段文字描写景物，仅仅用十三行，304 个字，却把景物写得如此之美，这要归功于作者娴熟的写作技巧，从本段文字中，我们可以学到哪些写景的方法？请你选择一处以“________句，运用了________写出了________”或“________词，写出了________”的格式赏析。

准确表达事物特点的词语：

多角度写景（形声色味俱全，春夏秋齐备）：

写景有序，层次井然：

动静结合：

运用修辞：

任务四：拓展阅读（可选择《语文主题学习丛书》的文章）

自选语段赏析写景技巧（教师投影）

任务五：学以致用（运用所学写景技巧写景）

任选一题进行景物描写，至少运用一至二种写景技巧。

三、困惑与建议

在自学过程中，把你的疑问写下来吧！

随着智慧课堂教学能手的不断涌现，外校请求送课的邀请函接二连三。

下表是临沂新桥中学2018年10月至2019年7月外出送课统计表。

姓名	时间	讲课地点	科目	讲课课题	听课老师
邵泽军	2018.10.23	莒南第七中学	地理	海陆的变迁	临沂朱保中学领导以及老师、临沂三十三中领导以及老师、临沂三十中领导以及老师、莒南第七中学领导以及老师
张仁锴	2018.10.23	莒南第七中学	数学	12.2 全等三角形的判定	临沂朱保中学领导以及老师、临沂三十三中领导以及老师、临沂三十中领导以及老师、莒南第七中学领导以及老师
王京美	2018.11.1	沂南第四中学	英语	Unit 5 Do you have a soccer ball Section A	沂南第四中学领导及全体老师
张仁锴	2018.11.1	沂南第四中学	数学	第二章《整式的加减》	沂南第四中学领导及全体老师

（续表）

姓名	时间	讲课地点	科目	讲课课题	听课老师
绪连法	2018.11.7	临沂第十一中学	语文	第三单元《三峡》复习	山东师范大学教授、莒南第七中学领导、临沂三十三中领导、临沂三十中领导、临沂第十一中领导、沂南第四中学领导
王京花	2018.11.7	临沂第十一中学	英语	Unit 5 Section A	山东师范大学教授、莒南第七中学领导、临沂三十三中领导、临沂三十中领导、临沂第十一中领导、沂南第四中学领导
张仁锴	2018.11.15	江苏盐城中学	数学	6.1 函数（1）	盐城学校的领导以及电教馆的领导
刘京超	2018.11.15	江苏盐城中学	地理	气温的测量与变化	盐城学校的领导以及电教馆的领导
王京花	2019.5.31	单县实验中学	英语	Unit 10 I'd like some noodles	单县实验中学领导及全体英语教师、部分其他科目教师
刘佃永	2019.5.31	单县实验中学	数学	13.1 三角形的外角	单县实验中学领导及全体数学教师、部分其他科目教师
张美玲	2019.5.31	单县实验中学	语文	伟大的悲剧	单县实验中学领导及全体语文教师、部分其他科目教师

这，无不展示了临沂新桥中学教师的智慧风采。

于是，临沂市电教馆在临沂新桥中学成立了“临沂市智慧学校联盟”，并由六所联盟学校分别派出两人执教公开课。临沂新桥中学由邵泽军老师和张仁锴老师执教了公开课，获得了听课教师的一致好评。

异彩纷呈的课程

2018 年夏季，新教育研究院于福建厦门举办第八届新教育国际高峰论坛，来自美国、澳大利亚及国内新教育实验区校的教育同人，通过学术报告、现场观摩和互动交流，围绕人文教育主题进行了深入研讨。

“高峰论坛”开始前，我就向新教育研究院递交了实验校的申请，因为新教育发起人——第十四届全国政协副主席、民进中央常务副主席朱永新教授的《新教育实验》一书中，提出的“营造书香校园、师生共写随笔、聆听窗外声音、培养卓越口才、构筑理想课堂、建设数码社区、推进每月一事、缔造完美教室、研发卓越课程、家校合作共育”新教育的十大行动，深深地吸引了我。

也就是在这次高峰论坛会上，临沂新桥中学成了新教育实验校，是新教育研究院在临沂市发展的唯一一所实验校。

把新教育实验校的授牌抱回临沂新桥中学，我内心十分不安。

想想那日下午参观的厦门几所新教育实验校取得的成就，这种不安的情绪竟引发了我的冲动。

我跑到书店，买来《新教育实验》一书，下发给中层教干、班主任学习，让一位教师带头成立了校园广播站，让有记者、编辑经历的另一位教师挑头编发校报，让一位热爱文学创作的老教师编发校刊……

为更好地践行新教育，我向有一技之长的老师发布征召令，在全校学生中“招兵买马”成立社团，利用每周三下午第三节和第四节课的时间，有效地开展活动。

经过师生间的双向选择，我们组建了新教育实验的36个社团。

序号	课程名称
1	插花艺术
2	茶道茶艺
3	创客教育（Python编程，Appinventor，开源硬件）
4	地理探秘
5	演奏（陶笛、葫芦丝）
6	绘画
7	机器人
8	经典诵读
9	科技制作
10	名胜古迹欣赏

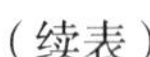
（续表）

序号	课程名称
11	排球
12	盆景花卉
13	乒乓球
14	棋类（跳棋）
15	棋类（五子棋）
16	棋类（象棋）
17	趣味化学实验
18	趣味生物实验
19	趣味物理实验
20	摄影
21	生活小窍门
22	诗词鉴赏
23	十字绣
24	书法
25	数学社
26	踢毽子
27	田径
28	跳绳
29	文学社
30	文学阅读

（续表）

序号	课程名称
31	武术
32	影视欣赏
33	羽毛球
34	中医推拿
35	篮球
36	足球

“让师生过一种幸福完整的教育生活”，是朱教授倡导的，也是我们努力的方向，鉴于此，我们将这36个新社团的课程开发命名为“卓越课程”，分为智桥、慧桥、雅桥、美桥四个课程体系。

智桥课程开设：数学中的规律、趣味物理、一题多解、数学王子、提优补弱、趣味实验、地理探险、无人机、机器人、科技制作、创客世界、生物标本、魔方、棋类、金点子、数学社、物理社、化学社、生活小窍门、科普知识讲座等益智课程。

慧桥课程开设：国学、心之桥、文学社、阅读、话剧、写作、经典诵读、演讲与口才、诗词鉴赏、名作欣赏、名胜古迹游等课程。

雅桥课程开设：乐器演奏、歌唱、书法、绘画、折纸、表演、茶艺、影视欣赏等课程。

美桥课程开设：武术会、乒乓球俱乐部、排球、篮球、足球、体操、跳绳、毽子、方言研究、小发明、摄影、拼盘、盆景花卉、插花、餐厅小帮手、小老师、十字绣、爱心社、科普社、心理协会、志愿者服务队等课程。

学期结束，我们在学校运动场展示了36个社团取得的探究成果，并邀请家长观摩。

物理老师李英联合其他几位物理同人，发动170余名学生成立了“趣味物埋实验”“小发明”两个社团，取得的探究成果惊呆了学生家长。当几名学生联合攻关制作的简易“小潜艇”在盆底的浅水里悄无声息地潜游时，家长发出了一阵阵的惊叹声；当几名学生制作的简易摇头小风扇向学生家长吹去丝丝凉风时，有的学生家长说：“给我制作个，我好拿在手里往脸上吹风凉快。”

这绝不是个案。

年轻教师姜自波联合几位信息技术老师成立的“创客教育（Python编程、Appinventor、开源硬件）”取得的探究成果同样令人惊讶。当年，该社团组织学生参加“兰山区中小学‘创意素养与能力展’”活动，提交的141件作品有18件进入复赛，41名同学参加现场类比赛。学生提交的作品，既有社会调查和调查作品，也有Python编程作品，还有开发作品、数字动漫设计优秀作品、开源硬件micro:bit创意搭建等。这些作品独特的创意设计、独到的科技创意及开发，受到了评委的高度认可和赞许。

文学社取得的成绩同样令人惊艳。两年内，几百名学生的作品发表在省市级的媒体上，34名同学加入了临沂作家协会，成为临沂市校园作家，77名同学被《少年天地》杂志特聘为小记者，99名同学被“琅琊网”特聘为科技小记者。

附两名小记者作品：

守望者

村里人都说，刘大爷有个好儿子。

刘大爷嘴里说着："好什么好呀！"心里虽美滋滋的，却也别有一番苦涩。

刘大爷今年已过花甲，老伴在分娩后因大出血去世了，留下了一个儿子。那时日子不比现在，经济条件本就不好，再加上又多了个负担，刘大爷省吃俭用，又当爹又当妈，在辛酸中终于将孩子拉扯大。

孩子大了，也不能一直在老刘手底下看着。老刘将这几年攒下的钱给孩子盖了房子，娶了个媳妇。刘大爷心中悬着的石头也总算是落了地。

可就业成了孩子最大的问题。刘大爷老了，总不能凭借那点低保过日子吧？外出谋生？可这个家离不开年轻人啊！在家务农？面朝黄土背朝天，没什么大出息。

经过一番思想斗争，老刘终于狠下心，让儿子、儿媳进城谋生！

就这样，老刘儿子和儿媳便开始了他们的打工生涯。

这一去，就是一整年。

思念，仿佛是香醇的美酒，未曾因为时光的荏苒而淡薄，反而因岁月而发酵，变得愈发浓醇。刘大爷每天都在村东头守望着那条通往远方的公路，期盼着孩子们归来。

这期间，远方的儿子虽然总会往家里邮寄一些钱和生活用品，可刘大爷却从来不会为此而欣喜。他知道，这些钱都是孩子用汗水换来的。他将所有的钱藏在相框里那张他与儿子合影的相片后面。

刘大爷每天早上起来后，第一件事就是翻看那泛黄的挂历，他期待着过年，他希望孩子们回来。

……

“唔，小年了。”

“又是一个早晨。”刘大爷揉搓着那浑浊的眼睛喃喃道。刘大爷又拿上了那杆被擦拭得泛黄的烟枪咂了两口，旋即走向了村东头。从晨晓到正午，从正午到夕阳，从夕阳到傍晚，看厌了人来人往，麻木了车水马龙，却始终没有望见那熟悉的身影。一个个回家过年的游子在不经意间刺激着老刘敏感的神经，一袋又一袋烟叶，也无法消除心中的不快以及那若隐若现的不安。

夜幕低垂，皎洁的月光挥洒在老刘的身上。夜色中，依稀可见那点火光。老刘拍了拍身上的烟灰，旋即起身，仅仅一个昼夜，老刘竟苍老了些许。

老刘来到供销社服务站，在公共电话旁双手微颤地拨起了那个背得滚瓜烂熟却又如此陌生的号码。

嘀……嘀……

电话那端终于有了声响，老刘用那几乎颤抖的声音问道："是……是志勇吗？"

"啊，我是。您是……爸？"电话那端那个熟悉却又有些陌生的声音让老刘激动不已。

"是的、是的，志勇啊，在外边一切都好吧？"老刘殷切地问道。

"爸，我们这边一切都好，您老就放心吧。哎，爸，我们得开工了，先挂了啊！"

"哎……哎……"老刘刚想张口，那端却响起了嘀嘀声。

"唉！"老刘叹了一口气，他，终究还是没能把那句话说出来。

……

老刘又来到了村口，春节指日可待了，可孩子们还是没有来。他又拿起了那杆被擦拭得发亮的烟枪，在那里痴痴地等着。天公不作美，下起了鹅毛大雪。似是故意撩拨老刘，老刘浑身落满了雪花，两鬓在雪的映衬下越发斑白，老刘成了个活生生的雪人。可老刘却毫不在意，眼神仍望向了那个希望存在的地方。

雪凉，身子僵，可老刘的心却更凉。

……

老刘又来到了公共电话站。拨起了那个号码，老王一边拨号一边寻思着如何给儿子说这个事。

嘀……嘀……

“喂？”电话那端有了声响。

老刘如释重负：“那个，志勇啊，我是你爹，那个，我这不寻思着过年了，让你和你媳妇回来过个年，你看看定个日子？我好去接你。”老刘一口气说完，生怕再现上次的情景。

“啊？那个，爸，我们可能不能陪您过年了，工厂里加班，三倍加班费。我觉得……”电话那端声音响起，却让老刘蒙住了，一时不知如何回答，“爸，您在家照顾好自己，寄给您的钱您缺啥买啥，等来年我们一定回去看看您老。好吗？”

“啊，啊啊。”老刘不知怎的竟答应了，心底滋生出一股莫名的悲怆。一瞬间，老刘眼睛里所有的光辉全部化作黯然。大雪依旧下着，落在老刘的鬓发上，他步履维艰，吃力地走着，走向那个所谓的家。

……

春节前夕。

老刘没有在家，他知道，那只是一个空巢。他也不想看春晚，他觉得，一个人的春晚只是徒增伤悲。他还是来到了村东头的公路，来到了那个充满希望的地方。

仅仅几天，老刘仿佛苍老了十多岁，头发又添了些许的银丝，眉头又多了几道皱纹。可不变的是那杆烟枪，以及那个期冀的眼神。

他又点上了那杆烟枪，在那里等着，尽管他已经知道了结果。可人真是一种奇妙的生物，即使是万分之一的侥幸，他也会相信，他知道，孩子们一定会回来的！

……

春节到了。

他仍在村东头坐着，一杆烟枪，一身破旧的深青布棉袍与周围的烟花显得格格不入。可他浑黄的老眼却迸发着坚定的光辉，流露出希望的光芒。

他，仍在等待。

他在守望着，守望着那份希冀，更守望着那份未来。

……

兰山区临沂新桥中学八年级四班　刘镇豪

【编者按】为了生活，儿子和儿媳外出打工谋生，并且时常寄钱来。可逢年过节，老人缺的不是钱，而是亲情，是无人可替代的天伦之乐……常回家看看，常陪陪老人，是我们每个人都需要去做的。

读过《守望者》和编辑编发的“编者按”，我们一定会为刘镇豪点赞，因为，一名八年级的学生，能够细致入微地用心观察社会现象，能够用自己的笔触反映社会现实，能够呼吁子女、呼吁社会关爱“留守老人”，这着实令人称道。

再读闫佳乐的文章，另一番滋味就会涌上心头。

我读狐女婴宁

——蒲松龄笔下笑得最美的女子

初见，她手拈梅花一枝，看那书生憨傻的模样，嗔道："目光灼灼得像个贼一样！"悠悠然将梅花弃于地上，转身说笑着离去，唯有清脆的笑声还荡在耳畔，只余痴愣的书生呆呆留在原地。其实，呆愣的又何止书生王子服一人——还有我；容华绝代，背后是绚烂的花灯，倾国倾城，看得呆愣的又何止书生王子服一人——还有我。

再见，她在园中嬉戏，手上执一朵杏花，抬手就要往头上簪。我看见的就是这样一幅场景：长长的广袖因举手滑落几寸，露出皓腕。乌黑的发丝上一朵洁白的杏花格外娇媚。女子不经意抬头看见生人，眼中非但没有羞涩，反而笑着捻花走进屋中。心下却想着这人好生眼熟。待仔细观察，这可不就是那上元节的小贼吗！顿觉好笑。笑声从喉咙溢出，渐渐地，满院都是少女银铃般的笑声。婢子匆匆拉她走入屋中，笑声却是止也止不住，待听到苍老的声音呵斥时才勉强憋住笑意。老妇说"你们般配"，她又笑了，借口去看碧桃花，还未出门就已憋不住笑。笑声入耳，若是名门闺秀见了这个样子定然是吓得花容失色，暗道怎会有人如此不矜持。可偏偏她就是这样做了，笑了。笑得那么放纵、恣意，却不会让人有半分责怪，就好似她本该如此一般。

层叠的花丛中传出她细碎的笑声。她坐在树上，看着书生望着她呆愣的眼神，又笑了，艳丽至极，灼灼花瓣不及她半分。她狂笑着，衣袂翻飞，从不高的树上坠落，仍是带着笑意，连站都无法站稳，只得扶着树干才堪堪靠着身子。当书生从怀中掏出已半枯的梅花枝来。“都枯了，还留着作甚？”她看着他问。“这是上元节妹子留下的，所以保存下了。”“你为什么要保存下它呢？”她似仍是不解。“以示我对你相爱不会忘记啊。从上元节遇到你，我因想你都得了病，自己想着会死掉，不料想还能看见你，希望你怜惜一下我。”“这才多大一点事情啊。你若是喜欢，等你回去时我让老奴折一大捆送你。”书生又道：“妹子痴啊！”是啊，的确是痴！不痴又怎会在王子服解释爱她时说“我不习惯与他人同床”；不痴又怎会在老妇问她时说“大哥想要与我共寝”，弄得王生羞窘不已。她痴吗？痴又怎么会在成亲后别人如何问都不透漏一点房中的事；痴又怎么会在别人挑衅时从容戏弄。所以，她并不是痴，而是黠！

她爱笑。遇见王生三次她笑了三次，眉眼弯弯，灵气逼人。拜见婆婆她仍是笑。她生于幽谷，受育于鬼狐。不识三从，不知四德，无视长幼之序，不用进退之仪。她笑，笑何？笑世间可笑之事，笑世间可笑之人；笑她们行新妇礼，笑她们三从四德，笑她们笑也不能如她这般恣意。是啊，如她这般，能有几人？也恰如她名字一般，婴孩一般，干净纯澈，没心没肺。但是她真的没心没肺吗？没心没肺又怎会在养育她多年的鬼母死去后将笑化为哭，将鬼母安葬？

她是狐妖，她也会有人的七情六欲，也会有悲喜忧愁，她也会有爱的人——王子服。她不惧别人怎样看她，说她痴也好，说她不矜持也罢；说她不懂礼数，说她不懂分寸，那又怎样。她依旧是那个天真烂漫、肆意言笑、亦憨亦黠、不受任何礼教约束，大胆追求她所爱之人的婴宁。她想笑就笑。在犯下大错时，也愿为爱舍去她的笑、她的恣意。这，才是婴宁，才是那个无所畏惧、无须遮掩的婴宁。

山东临沂新桥中学九年级六班　闫佳乐

文章精致细腻，谁又能想到，这是出自一名乡村中学九年级女生之手呢！

……

的确，在这样的社团里，每一个生命都得到了精彩绽放！

短短两年时间，临沂新桥中学就被授予临沂市首批智慧校园示范校、首批人工智能 A 类学校、山东省首家智慧食堂学校、新教育实验校，由此，最美乡村中学越发明亮了。

再回高中

ZAI HUI GAO ZHONG

吹响集结号

没有想到，我在新桥中学刚工作了两年，就被调到临沂义堂中学担任党总支书记和校长。更没有想到的是，在义堂中学刚工作了一年，领导又给我换了工作单位。

那是 2020 年 9 月 30 日下午 4 点，我突然接到兰山区教体局人事科的电话通知，让我到教体局小会议室开会。会上，教体局领导突然宣布：孟黎同志担任临沂第四中学党委书记和校长。

听到任命的那一刻，我异常惊讶。

近几年，临沂四中在历届领导的正确领导下，凭借着艰苦创业的精神，铸造了一支精诚团结的队伍，以其高远超卓的教育教学理念享誉齐鲁大地。

一名普通的乡村中学的校长，突然被任命为兰山区高中的标杆学校的党委书记和校长，我感到了从未有过的压力。

散会后，我找到了局长想说明我的压力。未容我开口呢，局长已猜出我的心思，严肃地对我说："有话以后说，你先去义堂中学交接工作，然后到临沂四中报到。"

在赶回临沂义堂中学交接的路上，我思绪万千。

交接完毕赶到临沂四中报到，教体局李公德副局长已在四中等候我多时，很快由李局长主持召集学校全体教干召开了简短的见面会。

送走李局长，已是晚上九点半了。

既来之，则安之！

能来临沂四中，这是领导对我的信任，是我的光荣，更是我的责任和义务，容不得我半点的懈怠和麻痹大意。

对我来说，这是新的使命和担当，我必须有所作为！

交接工作的第二天就是十一假期，清晰地记得，那个十一假期，我把在学校工作了多年的老教师请到学校里，真诚请教："你们为临沂四中贡献了大半生，对临沂四中充满了深厚感情，我是临沂四中的新人，我如何做才能把临沂四中带到更高的高度呢？还请多多指教！"

或许是我的谦虚感动了这些令人尊敬的老教师，他们畅所欲言，纷纷献计献策，给我提出了很好的建议。我将其一一记下。

夜深人静了，翻看笔记，我逐一梳理、总结、提炼，而后，再思考明天要谈话的人选和内容。

第二天一早我就来到了学校，烧好茶水，擦好桌椅，把校级领导和中层教干分别请到了办公室。

他们是学校的中坚力量啊！是冲锋陷阵的主力军，是连接学校和师生的纽带，他们的心声，就是我最想听的声音。

第三天，我把辛勤工作在一线的教师请了过来。

他们的心声是最基层的呼唤。

有的老师说："虽然我们以往取得了辉煌的成绩，但是我们不能满足现状，需要找到新的突破口，创造更加辉煌的成绩。"有的老师向我反映："我们应该借鉴别人的经验，在奥赛和艺体上做一篇大文章、好文章。"有的老师反映："以咬定青山不放松的精神和劲头，紧盯双一流大学，力争实现新的突破。"

……

那七天的国庆假期，我几乎没有休息，从老教师到青年教师，从男教师到女教师，从教干到群众，从前勤到后勤，就连门卫和保洁人员，我都虚心地找他们谈话了解情况、咨询良策，前前后后总计达几十人。

说心里话，那七天，四中人的冲天干劲、信心满怀、团结务实、拼搏创新的精神时时感动着我，激励着我，令我深夜难眠。

群众的智慧是无限的，七天的调研，让我对学校的管理有了清晰的轮廓：

践行一种理念：做一所学生发展需要的学校。

落实三个发展：多元发展，特色发展，高质量发展。

强化一种精神：团结拼搏务实创新的四中精神。

这个新的理念，是站在前人“允公允能，博雅日新”的基础上的一次提升，一次突破。

十一假期后的全校教师大会上，我向全校教职员工提出了临沂四中三年的奋斗目标：

一年有突破，两年成规模，三年创品牌。

“一年有突破”指的是：临沂四中的名优学生要有突破，如清北、双一流大学的突破。

“两年成规模”指的是：名优生和当年高考一段线进线率要规模呈现。

“三年创品牌”，“特色就是品牌，品牌就是特色”。基于这一认识，第三年，临沂四中要在内涵发展、多元发展等方面形成品牌特色。

同时，我们提倡陪伴教育，落实以学生为中心的核心办学理念，提出“校长陪伴老师，老师陪伴学生，学校创造奇迹”的陪伴教育理念，最终实现临沂四中“师生品位卓尔，社会认可非凡，省内有名，国内有声”的优质名校的发展目标，并为此奋斗不止。

锤炼干部队伍

学校要发展，教干是关键。学校干部队伍是学校管理的中坚力量，干部队伍的素质，直接关系到学校的管理水平；学校干部对办学思想、办学策略的理解和认识，决定着学校办学的水平。一个学校能否快速发展，各项工作能否上新台阶，关键就看学校领导干部是否有强烈的进取心和事业心，是否有“校兴我荣，校衰我耻”的紧迫感和责任感，是否有开拓创新的发展思路，是否有扎实苦干的主人翁精神。如何加强学校干部队伍建设，打造一支政治素质高、业务水平精、管理能力强、群众基础好、锐意进取、团结向上的干部队伍，着力提升学校的教育教学质量，增强学校的核心竞争力和社会影响力，是社会和全校师生共同关注的问题，也是学校长期工作的重中之重。这不仅关系到学校的今天，更关系到学校的明天。干部队伍建设必须立足现在，着眼未来。为此，我在充分调研的基础上，在干部建设上突出落实了以下几项工作。

首先是严格会议制度。会议制度和会议纪律是检验一个班子是否有执行力的试金石和风向标。从与会的时间、发言的顺序、发言的内容等都做了明确要求。比如，晨会迟到要记录迟到的时间并在教干群公示；发言要按照重点工作和常规工作分项汇报。实践证明效果明显，现在的会风一直很好。

其次是坚持教干读书会。在临沂四中，借助读书会对教干的培养和管理是一项很有效的措施。每年新春后的正月初九、初十两天，我们要召开全校教干参加的读书会。读书会的议题有三项：一是教干要作年度述职报告；二是教干参与讨论年度工作主题；三是我们要请专家或者是我本人对教干进行思想引领、成长教育。三年来从未间断，效果非常显著。

在这样的读书会上，每名教干要对上一年度分管的工作，经过一个寒假的反思梳理，总结出得与失；对当年度的分管工作细致分解，说得直白一点就是，当年度，教干要做哪些工作？为了干好这些工作，有哪些可行的方法和措施？为顺利高效地开展工作，有哪些具体的保障？对如上内容，每个教干要条目式、框架式地罗列出来，并一一汇报。

中层教干的述职，是否抓住了工作的重点，是否符合年度工作要求，这就需要分管的副校长进行详细点评，并提出修改意见。中层教干根据分管副校长的点评及提出的修改意见，进行再次修改完善，然后，将完善好的内容提交给学校办公室。

对各位副校长的述职报告，则由我本人进行详细点评，并对其述职报告提出具体的修改意见。事后，各位副校长会根据我的点评和修改意见，及时完成修改提交给办公室。

很快，办公室会将教干的述职报告打印成册，分发给每位老师，每位教干的述职报告就这样放在了阳光下，接受全校教师的监督。

这种述职，既是动力，也是压力。

读书会的第二项议题，就是确定临沂四中的年度工作主题。临沂四中的年度工作主题，一定是围绕市区两级教育主管部门的年度教学工作计划中确定的教育教学工作重点，结合临沂四中的教育教学工作的实际而确立的。我来临沂四中工作已三年，三年来，我们就是这样通过读书会议事，结合临沂四中的校情、学情，确立了临沂四中每年度的主题年。

2021 年，是“聚力内涵提升，发展多元质量”主题年；

2022 年，是“办群众满意的教育”主题年；

2023 年，是“强化工作落实，发展优质教育”主题年。

每一年度的主题是临沂四中当年度高效开展工作的“牛鼻子”和“总抓手”，更是指导年度教育教学工作开展的目标。

读书会的第三项议题，是对教干进行思想教育、成长教育、励志教育等。以每名教干的个人成长为目的，邀请专家或者由我本人采用案例或者现身说法，引导教干如何学会工作、如何学会协调配合、如何尽快成为一名优秀的领导者等。

记得来临沂四中工作的第一年，也就是第一次读书会，我用一下午的时间给教干们精讲了《关于干部管理的654321的工作要求》。即学习六种知识：政治理论知识、教育理论知识、管理理论知识、法律知识、专业知识、人文知识。具备五种精神：敬业精神、合作精神、负责精神、求实精神、创新精神。拥有四种意识：党性意识、服务意识、主人翁意识、纪律意识。加强三种修养：思想修养、性格修养、行为修养。提高两个水平：学识水平、管理水平。把住一个关口：廉洁自律。泛泛地讲，印象肯定不深刻，也不利于教干们时时学、处处学。于是，我就让办公室将《关于干部管理的654321的工作要求》，印成了一本工作手册，分发到每位教干的手中，让他们将其带在身边，或放在办公桌上，时时翻阅，自觉检查自己的一言一行、一举一动。

三年的读书会，每一年固定的议题，成长了教干，凝聚了团队人心，推动了学校工作的发展。

再次，是用思维导图呈现个人工作。为了让每位教干都能主动思考自己的工作，也为了教干之间更好地形成良性竞争，每位教干每天忙完当日的工作，务必思考第二天的工作，并以思维导图的形式发到教干群，让教干们彼此了解第二天要做的工作。把第二天工作发到教干群的最后时间是当日晚十点，超过了晚十点没发的教干就得将十元红包发到教干群，供教干们哄抢娱乐。每位教干发到群里的工作规划，我都要在教干群点赞，视为已经阅示，如果我超过了十点没点赞，作为一校之长，惩罚是加倍的，那就是发二十元的红包，供教干们哄抢娱乐。大家也都明白我的良苦用心，这不单单是激励教干忘我工作的一种手段，更是一种给教干们解压的娱乐方式。教干们一天的工作量和压力异于常人，适当放松一下，排遣一下压力，适度娱乐一把，也是人之常情。当然，我这样做还有另一深层含义，就是学校的工作，不是校长一个人在思考，而是全体教干都在思考。集体的智慧一定胜过个人的智慧，三个臭皮匠还胜过一个诸葛亮呢，临沂四中教干的集体智慧，一定能把工作干得更好！

最后就是大型活动评价制度。凡是临沂四中举办的诸如运动会、元旦联欢、毕业典礼、诗歌节、远足、研学等大型活动，结束后都要有学校办公室组织全体教干和部分参与的教师，对组织者（一般由副校级牵头组织）进行评价，主要从活动的准备、过程的呈现、活动的效果及影响三方面进行评价，评价结果用于年终教干的评奖。其目的是帮助组织者找出问题，指出不足，以期修正。

三年来一直用心打造教干队伍，既是作为校长的责任，也是一种担当，正如美国通用电气总裁杰克韦尔奇所说：“在你成为领导之前，成功只同自己的成长有关；当你成为领导之后，成功就同别人的成长有关，只有被领导者成功，领导者才算成功。”

校长是我朋友

走进临沂四中这个温暖大家庭的那几天，我是在深深自责中度过的。

这，源于一天下午我的慰问活动。

那天下午，我到各个办公室慰问奋战在教书育人一线的老师们，一位年轻女教师和她小儿子的对话让我无地自容。

儿子问妈妈："妈妈，咱什么时候回家啊？"

妈妈心疼地抚摸着儿子的额头说："今晚妈妈有晚自习啊。你想一想，每当妈妈有晚自习的时候，咱都是什么时候回家的？"

儿子摇了摇头。

瞬间，年轻的妈妈流下了泪水。

出于好奇还是出于同情，我不知道。我连忙跑上前去，一把抱起那可爱的孩子："你是聪明的孩子，你一定能告诉妈妈，每当妈妈有晚自习的时候，妈妈都是什么时候带你回家的。”

那孩子又摇了摇头。

见状，正紧张批改试卷的妈妈连忙站起身来：“孟校长，太不好意思了，我下晚自习的时候，他早就躺在我的办公桌上睡着了，我都是抱着他回家的，所以，他确实不知道什么时候回家的。”

闻听此言，我一下子惊呆了：“有什么困难吗？给我说说。”

“这……”年轻的女教师手足无措，一时不知如何是好。

“你怕啥呀。我是你们的校长，可我更是你们的服务员呀！”我满脸笑意。

于是，这位女教师对我说，她儿子在学校附近一所幼儿园学习，下午 4 点就放学了。她匆忙将儿子接回学校后，由于还得忙于教学，就不得不把儿子放在办公室里玩耍，直到她放学后将儿子带回家，要是遇上晚自习，她只得将儿子放在自己办公桌上睡觉……

迈着沉重的步履走回校长办公室，抬头望见立于校园道路一侧的“你把困难交给学校，学校把工作交给你”“除了家，学校是你最想回来的地方”的“承诺牌”，这是我来学校后给老师的郑重承诺啊，今天遇到的这对母子却让我无比自责！

带着这份自责，那几日，要么，我自己跑到教师办公室，询问每一位年轻的教职工，统计其子女就读情况；要么，我让有关教干询问年轻教师子女就读情况。不统计不知道，一统计，还真把我吓了一跳。全校竟有近 80 名年轻教师的子女在附近幼儿园就读。

说什么也得解决他们的后顾之忧，这既是我的责任，更是我的义务，否则，所有的承诺都将苍白无力。

充分调研，时间不久后，临沂四中“宝贝疙瘩”班成立了。

为了给“宝贝疙瘩”班取一个洋气的名字，我们将其命名为“宝贝格德”班。

“宝贝格德”班开班那天，全校近 80 名年轻教师的子女带着稚气、带着喜气扑进了校园，从音体美及其他文化课教师中抽调来轮流执教的老师们，蹲下身子，抱起这些可爱的孩子：“宝贝，临沂四中欢迎你！”

那时候，我确实没能按捺住内心的激动，手持印有“宝贝名单”的红纸，和孩子们一起游戏起来。

刹那间，“宝贝格德”班里欢声笑语起来。

和孩子们相处时间久了，孩子们和我就有了感情，童言无忌，有的孩子就给同伴吹牛：“哼，校长是我朋友呢！”

（图为我欢迎宝贝们入园）

是我朋友的不仅仅是这群小可爱，还有我们的年轻教师们。

一日，我在去学校餐厅就餐的路上，遇见一位长头发的男教师，刚想提醒他理理发，没

（图为辅导老师和孩子们一起游戏）

想到，和他并肩而行的另一位男教师开腔了：“出去理理发吧，你的头发太长了。”

“哪有时间啊，每天都是天不亮就到校，下了晚自习到宿舍查完学生的就寝情况就很晚了，理发店也早就打烊了。”长头发的男教师无奈地说。

说者无意，听者有心。

没过几天，这位长头发的男教师没有想到，学校理发室开业了。

理完发，对着镜子欣赏着帅气的发型，这位男教师兴奋地对一起来理发的老师说：“孟校长真是我们的好朋友！”

远足励志　研学铸魂

“同学们，出发！”

这是2020年11月29日早5点半，东方的天空还未露出鱼肚白，临沂四中运动场上2019级1500多名高三师生就已整装待发，我信步走上主席台，看着高三全体师生旺盛的斗志，发出了首次远足的命令。

临沂市域内有着得天独厚的红色资源。比较典型的是在烽火连天的年代，山东党政军民在大青山突围战。这次突围军民浴血奋战、英勇杀敌、胜利突围，谱写了一曲可歌可泣的英雄赞歌。

费县大青山胜利突围纪念馆，是费县依托“大青山胜利突围战遗址”等丰富的红色资源和深厚的群众工作基础，高点定位、错位发展，高标准打造的一处红色旅游景区。

在高三学生期中考试结束后的第一天，我们确定开展“传承红色基因暨高三大青山远足励志实践活动”，既是让学生接受红色励志教育，又是对学生进行身心调节。

本次远足目的地是大青山。全程三个小时，三十华里的徒步，没有一个学生叫苦叫累，更没有一个掉队的。凭借着坚强的意志和永不服输的韧劲，学生们陆续到达了终点。

给顺利到达终点的学生颁发了“临沂四中首届三十华里远足纪念章”后，四名学生深情朗诵了诗歌《重温红色记忆，展现励志青春》。

看着已经长大的孩子，听着他们发出的“恪尽职守、报效祖国”的铮铮誓言，我深切感受到了这是一次多么有价值有意义的活动。

本次活动结束后，鉴于它深远的影响和家长的广泛赞誉，经学校党委会一致研究通过，每年高三第一学期期中考试后定为高三学生的远足时间，并作为学校的课程固定下来不断完善。

为此，2021 年 11 月 18 日，我们又举办了 2020 级 1900 名学生的孟良崮远足励志活动。

现在,远足励志课程已成为临沂四中特色课程之一,形成了以“大青山远足课程”“孟良崮远足课程”为主线的红色育人课程体系，为发扬革命精神、开展党史育人提供了新的范本。

临沂四中毕业生，现于上海交大学习的陆一同学说：“高中三年，临沂四中带给我的感动太多太多，要说印象最深的，除了老师们的敬业，就是学校组织的红色 30 华里远足等，那些难忘的活动必将成为我永远的回忆。”

学校围绕“尼山圣境追寻圣人”的主题教育，在高一高二学生中坚持每年开展研学课程。

2023 年 4 月 17 日，临沂四中相关教干和高一、高二全体学生，迎着熹微晨光，齐聚操场，举行了尼山圣境主题研学活动开营仪式。同学们怀着无比崇敬的心情，首次来到了尼山。

抵达尼山圣境，首先映入眼帘的是七十二米高的巨型孔子铜像，老夫子的相貌栩栩如生，万世师表的儒雅之风令人心生敬仰。七十二米寓意贤者七十二人，四周三千杏树，寓意其门下弟子三千。怀着敬仰之情，全体师生齐聚孔夫子像前，在尼山司仪官的导引下举行了盛大的“礼敬先师”仪礼。全体师生身着汉服，认真学习揖礼，敬拜至圣先师。我深情地寄语四中学子们要学国学，习古礼，传承中华儒家文化；内修于心，外化于行，为中华民族伟大复兴积蓄无穷的智慧力量。高一、高二学生代表分别发言，表达了青年学子对至圣先师的敬仰，以及传承中华优秀传统文化的决心；李建伟老师、周腾飞老师领诵，全体师生齐诵《大学之道》首章，响彻山谷的诵读声，让人们仿佛聆听到先哲的谆谆教诲。最后我们共同登阶，通过登阶感悟步步遵循、由浅入深、渐入佳境的治学之道，追寻至圣先师登堂入室、止于至善的非凡人生足迹。

为更加深入地了解孔子的思想，我和相关教干及高一、高二的学子们共同聆听了孔子 76 代后裔孔令绍的精彩演讲——《孔子的君子人格兼谈人生智慧》。孔子自强不息的奋斗精神、出类拔萃的文化素养、别于众人的独立意识和公而忘私的社会担当，给予我们精神的启迪和行动的引领，让我们深切感受了圣人跨越千年的永恒人格魅力。

漫步“大学之道”，我和相关教干及同学们拾级而上，在一步一阶中，深切体悟到学习是需要循序渐进的道理，正所谓“不积跬步，无以至千里”。七十二贤廊里的一组组塑像，仿佛穿越历史烟云，开启千年的时光对话，激发着同学们向古代先贤学习的热情。

通过游览大学堂仁义礼智信五厅，我和相关教干带领同学们全面了解了《诗》《书》《礼》《易》《春秋》五经，“东西南北中”五方，“金木水火土”五行，“青黄赤白黑”五色，“玉麒、玄武、青龙、白虎、朱雀”五兽，深入理解了儒家“仁义礼智信”五常，为提升道德修养，传承民族文化奠定了基石。

伴着优雅的古乐，我和相关教干及同学们在大学堂读《论语》，抄录儒家经典，沉心勾描中仿佛置身于儒学翰林，聆听圣贤教诲，浸润儒家思想。

最后环节观赏大型舞台剧《金声玉振》，远古的乐声，唤醒求知的灵魂。在四季更迭之中，圣贤君子由凡入圣的过程得以完美呈现。穿越千年时光，同学们体悟着儒家文化在人生成长中的重要影响和作用，领会到青年学子所肩负的历史使命。

通过此次尼山圣境研学之旅，我和相关教干及同学们再次聆听了圣哲之音，升华了对儒家思想的认识，坚定了对中华文化的自信。师者善教，生者善学。相信临沂四中学子都能厚植中华传统文化底蕴，在未来的青春奋进路上，勇于担当，从容不迫，一路前行，一路精彩。

由此，临沂四中形成了“红色基地远足励志，尼山圣境追寻圣人”的特色课程。

课题引领　专业成长

2022年12月31日上午，临沂四中在线上举行了“普通高中融合式教学生态系统的体系构建与创新实践”项目启动会。

教育部高等学校中学教师培养教学指导委员会委员、南京大学教育专业学位教育中心主任、南京大学教育研究院·陶行知教师教育学院副院长、博士生导师操太圣教授；山东师范大学教育学部教授、博士生导师，教育学原理学科负责人、教育学原理学科博士点带头人，山东省有突出贡献的中青年专家冯永刚教授；《现代基础教育研究》杂志社执行主编张雪梅教授应邀在启动会上做了精彩报告。

山东省智慧教育研究院院长李逢庆，临沂市教育科学研究院高中科科长相炜，兰山区教育科学研究与发展中心副主任房建全和我分别在启动会上做了精彩发言和致辞。

为何要举全校之力，联合学生、家长做这个“大项目”的探究呢？

我是这样考虑的：临沂四中要想实现长足发展，就得以课题研究为引领，加快教师成长，这是其一；新课程、新高考、新教材的三新背景，要求老师们加强研究意识，提高研究水平，是新形势发展的需要，这是其二；以科研完善学校课程建设，打造多元化特色课程，满足学生发展需求，这是其三；以教科研引领学生深度学习，这是其四；教学和管理是双线协同的，教科研一定能提升团队的效能，这是其五。

正是基于这样的思考，我才启动了“问题导向·教研引领·多维协同·全景育人：普通高中融合式教学生态系统的体系构建与创新实践”这一教科研项目的探究。

这个项目有极大的潜在探究价值。

问题导向·教研引领·多维协同·全景育人：
普通高中融合式教学生态系统的体系构建与创新实践

一、融合式教学生态系统的体系构建

融合式教学生态系统是由教与学主体、环境、资源共同构成的相互联系的生态系统，强调在智能环境中实现以学定教，通过学生核心素养的提升，促进全面发展、个性发展、自主发展、终身发展。

融合式教学中的主体：一是教师与学生的融合式教与学；

二是专家型教师与新手型教师的融合式专业发展；三是卓越学生与薄弱学生的融合式增值发展；四是高校学科专家与学校学科教师的融合式教学相长；五是学校与家庭的融合式协同育人。

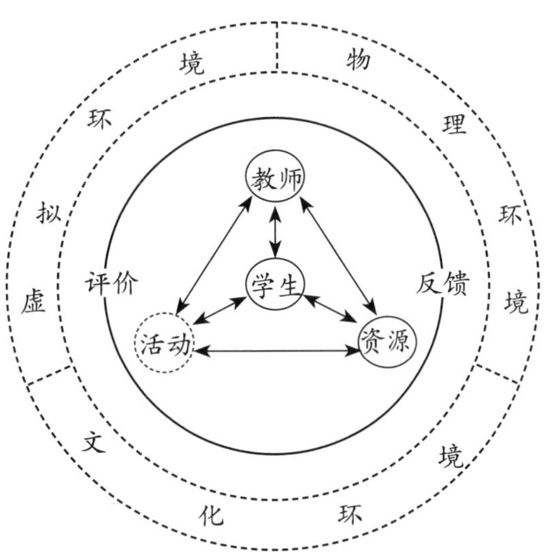

图 1　融合式教学生态系统组成示意图

融合式教学中的环境：一是虚拟环境与现实环境的融合；二是课堂内外环境的融合；三是学校内外环境的融合；四是文化环境与制度环境的融合。

融合式教学中的关系：一是教学与学习的融合关系；二是教学与评价的融合关系；三是教学与教研的融合关系；四是教学与管理的融合关系；五是学校与家庭的融合关系；六是高校与高中的融合关系。

融合式教学中的资源：一是国家课程与校本课程的融合资源；二是学科课程与课程思政的融合资源；三是学科课程与数字资源的融合；四是跨学科课程的融合资源；五是学科课程与综合实践的融合资源。

融合式教学中的活动：一是自主探究与合作学习的融合；

二是任务驱动与问题解决的融合；三是规模化教学与个性化学习的融合；四是教学实践与教学研究的融合；五是教学评价与优化改进的融合。

二、何为问题导向

问题导向中的“问题”主要聚焦于以下三个方面。

一是教学质量：核心素养导向下如何通过实施大概念、大单元、大项目、大任务的高中融合式课堂教学创新，实现“教—考—评”一致性，促进教育教学质量提升。

二是教师成长：如何依托高等院校专家力量构建教学研究与教学实践双向融合的体制机制，实现以教学研究课题为引领，以院—校教师教学研究共同体为平台，促进教师教学研究能力提升与教师专业发展。

三是学校发展：如何借助智能化技术赋能教、学、研、测、管、评的一体化多维融合，实现数据驱动的精准化教学、个性化学习、证实化评价和科学化管理，促进信息技术与教育教学、管理服务的深度融合，实现学校高质量发展。

三、何为多维协同

多维协同主要体现在以下几个方面。

一是多主体协同：高校、高中、教师、学生、家长间的协同。

二是多元化协同：教学、学习、教研、评价、管理、服务间的协同。

三是多样态协同：线上线下相结合、课堂内外相结合、学校内外相结合、高中高校相结合。

依托这个大的“主体构架”，我们积极实施了教学研究专项课题计划与教学管理专项课题计划。重点围绕教学研究的认识与定位、课题选题与研究方案、教学研究方法、教学研究论文撰写与发表、教育规划课题申报与结题等内容展开。并对教师申报年度山东省教育科学规划项目、山东省人文社会科学课题、临沂市教育科学规划项目等项目申报提供指导。

对此，我们设立教学研究专项课题 10 项，课题一经立项，给予研究经费资助，每项课题资助 2000 元。立项课题纳入教师评优评先、职称评审计分体系。

实施教学管理专项课题计划。委托山东省智慧教育研究院设立年度教学管理研究项目，重点围绕班级管理、家校共育、管理信息化、制度建设、机制创新等主题展开。

设立教学管理研究专项课题 5 项，课题一经立项，给予研究经费资助，每项课题资助 2000 元。立项课题纳入教师评优评先、职称评审计分体系。

有了这样的好政策，全体四中人纷纷响应，强强联手成立课题组，积极申报课题。

校长带了头，教师有劲头。为此，我和山东师范大学教育学部教育技术系主任、副教授李逢庆，山东师范大学生命科学学院教授尹苗及临沂四中的几位教干，联合申报了“山东省基础教育教学改革项目”《自适应学习技术支持的高中 OMO 教学模式构建与实践》的课题，教干、教师提报教学管理两类子课题共 18 项。

2023 年 2 月 11 日，我们进行了教学、管理专项课题的开题论证，开题论证会分管理组、文科组、理科组 3 个组。在有关专家的指导下，我们采取现场答辩的形式，对 18 项课题的课题组成员进行面对面指导。最终遴选 10 项课题通过开题论证，课题围绕教学管理中的难点、堵点问题，把问题当课题去研究，寻求突破，提升办学质量，促进学校内涵发展。课题负责人还分别从研究背景与意义、研究目标、研究内容、研究进度等多个方面对研究课题进行了详细介绍与阐述。评审专家对每一项课题逐一进行点评与指导，专家们对课题研究思路和研究计划给予了充分肯定，指出了存在的问题并提出修改建议，为课题研究拨开了云雾，解开了疑惑。

开展课题研究，引领教师成长，带动学校发展，已经成为临沂四中走向快速发展的快车道。

多元质量　累累硕果

心系“聚力内涵提升，发展多元质量”的办学理念和“一年有突破，两年成规模，三年创品牌”的办学目标，我提出了以五大学科（数学、物理、化学、生物、信息技术）竞赛作为发展多元教学的先锋，并以信息学奥赛作为学科竞赛的突破口，教学资源全面向竞赛倾斜。学校以红头文件的形式公开选聘五大学科竞赛教练，不讲资历，任人唯贤，迅速组建学科竞赛教练队伍。

2021 年 1 月，我经过深思熟虑，专门成立了奥赛部，实现奥赛部独立运营且建制与年级平行，由校长任奥赛部主任垂直管理，实现管理扁平化，并且制定了学科竞赛“招生下沉初中、渠道对接大学；内强教练业务、外接强校资源；迅速构建梯队，文化课与竞赛并轨发展”的指导思想。学科竞赛成为一把手工程，这一举措向全体四中人和社会各界彰显了学校不仅要做竞赛，而且要把竞赛做大做强的决心。这不仅充分调动了教练的积极性，也为竞赛发展指明了方向，引起了竞赛生对临沂四中的关注，从这一刻起，临沂四中竞赛步入了正轨，也进入了快车道。

2021 年 4 月，临沂四中承办了全国青少年信息学奥林匹克竞赛山东赛区省队选拔比赛，我校王浩清、李振洋两位选手成绩位列全省前 30 名。临沂四中小荷才露尖尖角，即在山东省内信息学竞赛圈子产生了强烈的反响。

2021 年 5 月至 12 月，我校信息学竞赛选手分别在 ICPC（国际大学生程序设计竞赛）、APIO（亚洲与太平洋地区信息学奥林匹克竞赛）中斩获银牌，在 CSP（非专业级别的软件能力认证）中四人次获得省一等奖，在 NOIP（全国青少年信息学奥林匹克联赛）中三人次获得省一等奖。在 12 月份的山东省信息学总结表彰会上，临沂四中获得“青少年信息学奥赛科普基地”和“青少年信息学奥赛金牌学校”大满贯。在山东省 500 余所获奖学校中综合成绩全省排名第 27 名，获得青少年信息学奥赛山东赛区委员会刘培玉、尉永清教授的充分表扬与肯定。

2022 年 1 月，临沂四中党委会和全体教师代表大会通过了《临沂四中竞赛管理实施办法》，权责清晰，奖罚分明，是对学科竞赛的又一份有力保障。

2022 年 5 月，王浩清、李振洋两位同学分别以全省第 6 名、第 9 名的优异成绩进入全国青少年信息学奥林匹克竞赛山东省代表队，临沂四中是全省进入省队人数最多的学校之一，同时两位同学顺利获得清华大学夏令营的“优秀营员”称号。

2022 年 8 月份，两位同学克服疫情的种种困难，奔赴昆山参加第 39 届全国青少年信息学奥林匹克竞赛，王浩清同学斩获金牌，进入国家集训队，当场签约保送北京大学图灵班，李振洋同学斩获银牌。临沂四中以一金一银的成绩，名列全山东省第一名，临沂四中超越许多老牌名校，跻身山东省一线竞赛名校行列。至此，临沂四中在开展竞赛一年后，实现了“一年有突破”的教学目标，也让全体四中人为之一振。

2022 年 9 月，开学之初我召开了全体竞赛教练会议，全体教干出席会议，会上，我提出了“以点带面，发挥信息学奥赛的带头作用，充分借鉴经验，再大力发展数学、物理两科竞赛，向‘两年成规模’的办学目标迈进”的指导思想。奥赛部在原来学生的基础上，通过公益班、外出送课、赛事选拔等活动优化充实物理、数学的后备梯队。

2022 年 10 月到 2023 年 1 月，在疫情特别严重的情况下，全体竞赛教练通过钉钉网课的形式，没落一节课，积极学习备考。2022 年 11 月，在 NOIP（全国青少年信息学奥林匹克联赛）中，临沂四中 6 名同学获得省一等奖；CSP（非专业级别的软件能力认证）中，临沂四中 7 名同学获得省一等奖，综合排名进入全省第四名。

2023 年 3 月，我在学科竞赛上再次发力，借党的二十大提出强化拔尖创新人才培养的契机，成立了拔尖创新人才培养中心，并于 3 月 14 日举行了拔尖创新人才培养交流推动会，山东省五大学科竞赛委员会的七位专家莅临临沂四中作报告，临沂市兰山区区政府、区教体局有关领导参加会议并作了重要讲话。在这次盛会上，各级领导充分肯定了临沂四中在拔尖创新人才培养上取得的优异成绩，对学校开拓创新精神给予了充分的表扬，社会各界重新认识了临沂四中，会后几十位优秀学生在家长的带领下深入考察奥赛部，各科梯队再一次得到充实强化。

2023 年 3 月 20 日，为表彰临沂四中在信息学竞赛上取得的优异成绩，2022 年山东省信息学总结表彰会在临沂四中举行，600 余所学校的教练和校长参加会议并参观学校。临沂四中以全省第四名的优异成绩获得“青少年信息学奥赛金牌学校”称号。

夏宗强老师作了典型发言，与会领导和专家给予了充分的肯定，从来没有哪所学校像今天的临沂四中一样突飞猛进，是全省乃至全国竞赛进步最快的学校，从一切为零到全国成名，仅仅用了两年时间。

2023 年 4 月，临沂四中选手在全国青少年信息学奥赛山东赛区选拔中成绩优异，李振洋同学取得全省第 3 名的优异成绩，王浩清同学取得全省第 7 名的优异成绩，赵英智同学取得全省第 17 名的优异成绩，周泽坤同学取得全省第 25 名的优异成绩。临沂四中成为山东省进队人数最多的学校之一。同时，李振洋同学获北京大学一等奖，赵英智同学获清华大学一等奖，周泽坤、梁成为同学获得清华大学二等奖。

2023 年 7 月，李振洋、赵英智、周泽坤同学赴成都参加第 40

届全国青少年信息学奥林匹克竞赛，获得三枚银牌，成为山东省同类高中中获银牌总数最多的学校。

时至今日，奥赛部已经基本实现了2023年年初制定的“两年成规模”的办学目标。

在信奥学员中，高二年级王浩清同学已经被保送北大。

我们为此也构建了强大的后备梯队，目前有初三选手2名、初二选手2名、初一选手12名、六年级选手12名、五年级及以下选手30余名。

在奥物学员中，有初三选手2名，初二选手7名，初一选手12名，也初步构建了后备梯队。

在奥数学员中，构建了初三1名，初二1名，初一6名，六年级10名的后备梯队。

相信今后，临沂四中奥赛部将会信息、数学、物理全面开花，继续扩大战果。

与此同时，临沂四中成立了艺体部，管理模式和奥赛部一样，独立运营且建制与年级平行，由校长任艺体部主任垂直管理，实现管理扁平化，分管校长和艺体部主任负全责，进行单独评价，突破尖子生的培养，实现清北突破。进行梯队建设，实现名牌突破，进而让临沂四中成为临沂市乃至全省高中艺体发展的核心旗帜。目前，临沂四中的田径、篮球、合唱团、舞蹈团、美术、书法等已呈现出百花齐放、百家争鸣的局面。

不仅奥赛部及艺体部取得了傲人战绩，临沂四中在夏季普通高考重点本科及普通本科进线数方面也连年攀升。

有下图为证。

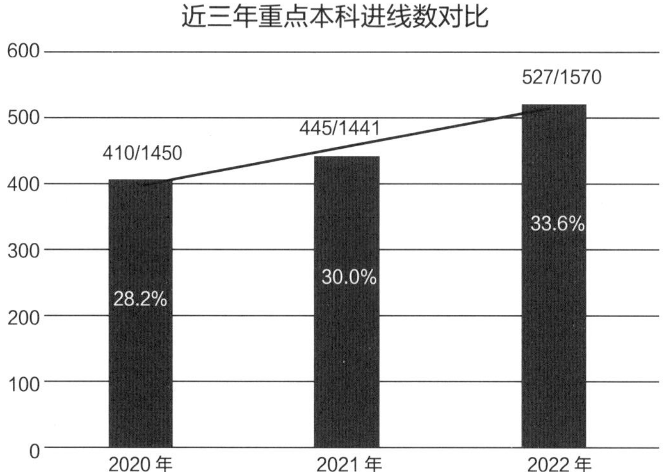

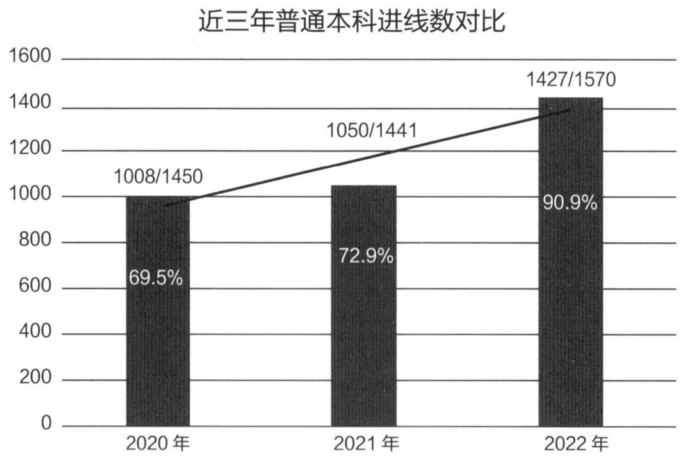

短短不足三年的时光，临沂四中就获得了诸多荣誉。

近三年临沂四中所获荣誉

级别	荣誉
国家级	国家节约型公共机构示范单位
	教育部普通高中新课程新教材实施示范校
	共青团中央“小平科技创新实验室”
	全国青少年校园篮球特色学校
省级	山东省中小学教师信息技术应用能力提升工程 2.0 试点校
	山东省青少年信息学奥林匹克联赛山东赛区金牌学校
	山东省青少年信息学奥林匹克科普创新基地
	山东省绿色学校
	山东省创新素养培育实验学校
	山东省心理健康教育先进单位
市级	临沂市普通高中教学工作先进学校
	临沂市普通高中教学工作优秀人才培养先进学校
	临沂市普通高中教学工作进步学校
	临沂市五四团支部
	临沂市科技创新组织奖
	临沂市首批学科基地学校
	临沂市特色高中重点培育学校
	临沂市十佳最具行业影响力微信公众号
	临沂市首批家校共育示范学校
	临沂市智慧校园
区级	兰山区先进基层党组织
	兰山区抗击新冠肺炎疫情先进集体
	兰山区教学工作先进单位

同时，我也被评为“临沂市优秀共产党员”“沂蒙名校长”，获得了“山东省优秀成果二等奖”，还当选为临沂市第二十届人大代表。

站在新起点上，我和临沂四中全体教职员工一起，定会坚持问题导向，深化教育改革，潜心研究做课题，全面育人见行动，最大程度激发教育发展的内在驱动力，让临沂四中走在全国革命老区教育现代化进程的前列。

这是我的责任，也是我的义务，更是一名教育工作者发自肺腑的心声，我责无旁贷！